# 铁路中专教育内燃机车检修专业教学指导方案

铁道部劳动和卫生司

中国铁道出版社

2009年·北京

## 内 容 简 介

本书为铁路中专教育内燃机车检修专业教学指导方案。内容包括：内燃机车检修专业教学计划、内燃机车检修专业课程教学大纲、内燃机车检修专业技能实训设备配置标准参照表、内燃机车检修专业课程教学用书汇总表。本书对铁路中专教育内燃机车检修专业教学工作具有指导作用。

**图书在版编目(CIP)数据**

铁路中专教育内燃机车检修专业教学指导方案/铁道部劳动和卫生司编.—北京：中国铁道出版社，2009.8

ISBN 978-7-113-10213-5

Ⅰ.铁… Ⅱ.铁… Ⅲ.内燃机车－车辆检修－专业学校－教学参考资料 Ⅳ.U269.5

中国版本图书馆 CIP 数据核字(2009)第 103043 号

**书　　名：铁路中专教育内燃机车检修专业教学指导方案**
**作　　者：**铁道部劳动和卫生司

**责任编辑：**金　锋　　**电话：**010-51873134　　**电子信箱：**tdzhuminjie@163.com
**编辑助理：**朱敏洁
**封面设计：**薛小卉
**责任校对：**张玉华
**责任印制：**陆　宁

**出版发行：**中国铁道出版社（100054，北京市宣武区右安门西街 8 号）
**网　　址：**http://www.tdpress.com
**印　　刷：**三河市华丰印刷厂
**版　　次：**2009 年 8 月第 1 版　　2009 年 8 月第 1 次印刷
**开　　本：**787 mm×1 092 mm　1/16　印张：4.75　字数：114 千
**印　　数：**1～2 000 册
**书　　号：**ISBN 978-7-113-10213-5/G·316
**定　　价：**10.80 元

# 前　言

铁路作为国民经济的大动脉、国家重要基础设施和大众化交通工具，在我国经济社会发展中具有重要作用。加快铁路发展，全面推进和谐铁路建设，必须拥有一支与之相适应的职工队伍。全面提高铁路职工队伍素质，既是认真贯彻落实科学发展观、构建社会主义和谐社会的要求，也是保证铁路运输安全生产，实现可持续发展的需要。为此，铁道部党组要求把进一步提高职工队伍素质作为一项长期的重点工作来抓。为提高铁路企业新接收人员的素质，决定对新入路的复员退伍军人组织进行铁路专业学历教育。

为了保证铁路复员退伍军人中等职业教育质量，铁道部劳动和卫生司组织各铁路局职教处、职工培训基地、部分铁路职业技术院校的教师和教学管理人员，在2007年铁道部颁布的《铁路复员退伍军人中专教育教学计划和教学大纲》的基础上，根据教育部对中等职业教育教学计划的有关要求，汲取铁路企业及办学单位的意见建议，修订编写了本套铁路特有专业中等职业教育教学指导方案。

根据铁路运输企业生产用工需求，确定本套方案分为12个专业：1. 铁道运输（车务）；2. 铁道运输（客货运）；3. 电力机车驾驶；4. 电力机车检修；5. 内燃机车驾驶；6. 内燃机车检修；7. 客车车辆检修；8. 货车车辆检修；9. 电气化铁道供电；10. 铁道信号；11. 铁道工程（工务）；12. 铁道工程（大型养路机械）。

本套方案适用于对新入路人员进行的中等职业教育，可作为铁路特有专业中等职业教育的指导性教学计划和教学大纲使用。

本方案为内燃机车检修专业教学指导方案，内容包括：(1) 教学计划；(2) 各门课程教学大纲；(3) 本专业技能实训设备配置标准参照表；(4) 本专业开设课程教学用书汇总表。

本方案初稿是由济南铁路局职教处组织修订完成的。主要执笔人：济南铁路局职教处季益民。

参加审稿工作的有：铁道部劳卫司职教处任天德、运输局装备部机车检修处狄威，沈阳铁路局职教处何方，郑州铁路局职教处杨明卿，上海铁路局合肥机务段邹学军、上海职工培训基地袁毅然，广州铁路（集团）公司劳卫处邓雁斌、株洲职工培训基地梁正时、株洲职工培训基地徐世建，南京铁道职业技术学院李晓村。

本套方案编写和审定工作得到有关铁路局和铁路职工培训基地的支持，在此一并表示感谢。

# 目　录


**内燃机车检修专业教学计划**…………………………………………………………………… 1
**内燃机车检修专业课程教学大纲**…………………………………………………………… 9
《语文》课程教学大纲……………………………………………………………………… 11
《数学》课程教学大纲……………………………………………………………………… 15
《铁道概论》课程教学大纲………………………………………………………………… 19
《内燃机车总体》课程教学大纲…………………………………………………………… 24
《机械基础》课程教学大纲………………………………………………………………… 27
《机械识图》课程教学大纲………………………………………………………………… 31
《电工电子技术基础》课程教学大纲……………………………………………………… 34
《计算机应用基础》课程教学大纲………………………………………………………… 37
《铁路职业道德》课程教学大纲…………………………………………………………… 40
《内燃机车柴油机》课程教学大纲………………………………………………………… 43
《内燃机车电传动》课程教学大纲………………………………………………………… 48
《内燃机车制动机》课程教学大纲………………………………………………………… 53
《内燃机车检修》课程教学大纲…………………………………………………………… 57
《钳工实习》课程教学大纲………………………………………………………………… 61
《内燃机车检修专业综合实训》课程教学大纲…………………………………………… 63
**内燃机车检修专业技能实训设备配置标准参照表** ………………………………………… 66
**内燃机车检修专业课程教学用书汇总表** …………………………………………………… 70

# 内燃机车检修专业
# 教学计划

# 内燃机车检修专业教学计划

## 一、培养目标

本专业培养对象是高中文化程度的铁路职工或其他人员，通过两年学习，完成以内燃机车检修专业知识和专业技能为主的职前培训，取得中专学历。具体要求如下：

1. 具有良好的思想道德、职业道德和行为规范。

2. 具有基本的科学文化素养，掌握内燃机车检修人员必须具备的文化基础知识、专业理论知识和职业技能。

3. 具有继续学习的能力和适应职业变化的能力。

4. 具有一定的创新精神和实践能力。

## 二、从业岗位

本专业面向铁路，培养对象主要是从事内燃机车检修工作。

主要从业岗位有：内燃机车检修各工种。

## 三、人才规格

### （一）知识结构

1. 具有本专业培养目标必备的文化基础知识。
2. 掌握本专业所必需的计算机应用技术的基础知识。
3. 掌握本专业所必需的机械、电工和电子技术的基础知识。
4. 掌握主型内燃机车的基本构造和机车工作原理。
5. 掌握内燃机车检修的专业知识及基本方法。
6. 熟悉有关铁路技术管理规程及安全规章。
7. 了解本专业科学技术的新发展。

### （二）能力结构

1. 具有内燃检修人员的基本操作技能。
2. 具有分析处理内燃机车机械、电气部分一般故障的能力。
3. 具有必要的计算机操作能力及获取信息与处理信息的能力。
4. 具有一定的协调能力。

（三）思想目标

1. 具有热爱科学、实事求是的学风和创新意识、创新精神。

2. 具有良好的职业道德、职业规范意识。

# 四、教学计划表

## （一）周数分配表

| 学年 | 学期 | 入学、毕业教育 | 理论教学 | 实践教学 | 复习考试 | 机动 | 假期 | 总计 |
|---|---|---|---|---|---|---|---|---|
| 一 | 一 | 1 | 14 | 4 | 1 | 1 | 4 | 25 |
| | 二 | | 19 | | 1 | 1 | 6 | 27 |
| 二 | 三 | | 19 | | 1 | 1 | 4 | 25 |
| | 四 | 1 | | 20 | | | | 21 |
| 总计 | | 2 | 52 | 24 | 3 | 3 | 14 | 98 |

## （二）教学进程表

| 序号 | 课程名称 | 教学总时数 | | | 理论教学周学时数或实训周数 | | | |
|---|---|---|---|---|---|---|---|---|
| | | 合计 | 其中 | | 1学期 | 2学期 | 3学期 | 4学期 |
| | | | 讲授 | 实训或现场教学 | 14周 | 19周 | 19周 | 20周 |
| 1 | 语文 | 28 | 28 | | 2 | | | |
| 2 | 数学 | 56 | 56 | | 4 | | | |
| 3 | 铁道概论 | 48 | 30 | 18 | 6　8周 | | | |
| 4 | 内燃机车总体 | 36 | 18 | 18 | 6　6周 | | | |
| 5 | 机械基础 | 84 | 64 | 20 | 6 | | | |
| 6 | 机械识图 | 56 | 40 | 16 | 4 | | | |
| 7 | 电工电子技术基础 | 84 | 50 | 34 | 6 | | | |
| 8 | 计算机应用基础 | 114 | 56 | 58 | | 6 | | |
| 9 | 铁路职业道德 | 38 | 38 | | | 2 | | |
| 10 | 内燃机车柴油机 | 266 | 170 | 96 | | 6 | 8 | |
| 11 | 内燃机车电传动 | 266 | 176 | 90 | | 6 | 8 | |
| 12 | 内燃机车制动机 | 114 | 82 | 32 | | 4 | 2 | |
| 13 | 内燃机车检修 | 228 | 164 | 64 | | 4 | 8 | |
| 14 | 钳工实习 | 112 | 24 | 88 | 4周 | | | |
| 15 | 内燃机车检修专业综合实训 | 560 | | 560 | | | | 20周 |
| 总计 | | 2 090 | 996 | 1 094 | | | | |

注：《铁道概论》和《内燃机车总体》两门课程接续进行。《铁道概论》按照每周6课时安排，8周结束课程，随后按照每周6课时安排《内燃机车总体课程》，6周完成。

（三）学时内容分配及学时比例

本专业教学内容包括校内专业理论教学、专业技能实训和现场综合实训实习三部分。

本专业总教学时数 2 090 学时，其中专业理论教学共 996 学时，实践教学 1 094 学时。理论实践教学之比基本为 5∶5。

## 五、课程说明

**1. 语　　文**

本课程主要讲授现代文阅读与写作、文学作品的阅读与欣赏、文言文阅读与理解以及应用文学习与写作四部分内容。通过本课程的学习，使学员的思想及文化素养得到进一步提高，形成较高的综合职业能力。

**2. 数　　学**

本课程主要讲授集合与函数、指数函数与对数函数、三角函数、复数、直线与二次曲线、空间图形、数列等内容。通过本课程的学习，使学员抽象概括能力、空间想象能力、逻辑推理能力以及分析和解决问题的能力得到进一步提高。

**3. 铁道概论**

本课程主要讲授运输业的性质与种类，我国铁路的发展情况，铁路线路、站场、车辆、机车、动车组、信号与通信等运输设备知识及原理，铁路客货运与行车工作组织，高速和重载铁路运输知识等内容。课程重点围绕和谐铁路的建设，突出铁路新技术、新装备、新工艺、新标准。通过学习，使学员建立铁路运输的整体概念，树立铁路运输高度集中、统一指挥的重要理念，了解铁路各专业之间的关系和铁路运输机制，确定本专业在整个铁路运输业中的地位和重要性，为后续课程的学习奠定基础。

**4. 内燃机车总体**

本课程重点介绍内燃机车基本构成，结构特点和有关内燃机车的基本数据。通过学习，使学员掌握内燃机车总体的相关知识。

**5. 机械基础**

本课程主要讲授金属材料、运动学、静力学、机械原理和机械零件的基本知识，使学员了解金属材料的种类和特性，掌握基本的力学原理和受力分析方法，了解能量的各种形式，理解做功和能量转换的条件，懂得常用机构的传动原理和应用，了解通用零件的性能、标准和应用。熟悉常用机械加工的方法和特点。

**6. 机械识图**

本课程讲授机械图的基本知识。通过学习，使学员掌握投影的基本知识和正视图，标准件和常用件的画法与识别，简单零件图和装配图的识读以及各种工作原理图、装配原理图、平面布置图等的识读方法，能够画出简单零件和装配图草图。

**7. 电工电子技术基础**

本课程讲授基本的电路知识和定律，磁和电磁的基本知识，基本的电器元件的特性分析和简单计算，使学员能够进行电气线路图的识读，能够按照图纸连接简单电路，掌握电路连接工艺要求，判断典型的电路故障，掌握常用测量仪表和电工工具的使用。

**8. 计算机应用基础**

本课程介绍计算机的基础知识、常用办公软件的相关知识和简单计算机网络知识，通过学习，学员应能使用计算机进行文本输入、文稿编辑操作、表格制作及简单的演示文稿制作，在工作中能使用计算机。

**9. 铁路职业道德**

本课程主要讲授铁路职业道德的基本知识、基本原则和主要规范以及与铁路职业生活相关的主要法律法规的基本精神和主要内容。通过学习，使学员树立正确的世界观、人生观、价值观、道德观，形成良好的职业道德。

**10. 内燃机车柴油机**

本课程讲授四冲程柴油机基本工作原理，柴油机及其辅助装置各组成部分的工作条件、结构特点和作用。通过学习，使学员理解和掌握机车柴油机的基本特性和构造以及柴油机零配件的故障分析和装配技能。

**11. 内燃机车电传动**

本课程主要讲授东风$_{4B}$型内燃机车牵引电动机、牵引发电机的基本工作原理，其他各电机的作用，机车上各类电器、仪表和蓄电池的结构、作用和测试调整方法，机车电路图。通过学习使学员掌握各种电机、电器的结构特点、装配技能和故障现象分析技能。

**12. 内燃机车制动机**

本课程主要讲授JZ-7型制动机的基本知识，使学员掌握各部分的工作原理、作用和机构，以及制动机各部分的装配技能。

**13. 内燃机车检修**

本课程主要讲授东风$_{4B}$内燃机车检修规范、检修工艺，机车零部件损伤的原理、形式、判断分析和处理方法。

**14. 钳工实习**

通过锯削、锉削和电焊实习，熟悉金属材料的机械加工特性，熟悉基本的加工方法，掌握基本的金属零件加工技能。

**15. 内燃机车检修专业综合实训**

通过职业基本技能综合训练和检修实习，熟悉内燃机车柴油机主要零部件、主要电机电器的性能参数的调整、检查、拆装、修理，掌握内燃机车检修规范的基本内容和工艺方法，熟悉各种检测检修工具设备及其使用。

## 六、毕　业

学员修完所有规定课程，成绩合格，准予毕业。

## 七、入学及毕业教育

### （一）入学教育

1. 爱国主义教育，革命传统教育，校纪校规教育。

2. 熟悉学校环境，了解专业特点和教育计划、课程设置、从业方向、岗位特点。

（二）毕业教育

敬业爱岗教育、职业道德教育、现场实习安全教育。

## 八、计划说明

1. 本教学计划在具体教学实施过程中，应加强与企业的沟通，允许进行适当调整，调整幅度不超过10％。

2. 个别内容可采用讲座方式。师资可聘请企业专家授课。

3. 本计划课程大纲中，主型机车为东风$_{4B}$型内燃机车，也可根据情况选择服务企业的其他内燃机车作为选讲机型。

# 内燃机车检修专业
# 课程教学大纲

# 《语文》课程教学大纲

## 一、课程简介

本课程是内燃机车检修专业的基础课，主要讲授现代文阅读与写作、文学作品的阅读与欣赏、文言文阅读与理解以及应用文学习与写作四部分内容。通过本课程的学习，使学员的思想及文化素养得到进一步提高，形成较高的综合职业能力。

## 二、课程教学目标

### （一）知识培养目标

1. 读：能读懂一般的现代白话文，能从总体把握课文的内容、理清写作思路、概括文意，对文章中的字词句作出恰当的理解；初步掌握精读、泛读及对照比较、问题讨论、专题研究等阅读方法，提高在阅读中发现问题、分析问题、解决问题及辨异识同、综合评价的能力；能准确读懂记叙、议论、说明性文字，养成研读说明书与操作手册的习惯；能够借助注释和工具书读懂比较浅易的文言文；学会使用常用工具书，能利用多种媒体对信息资料进行检索。

2. 写：能正确遣词造句、联句成段，写一段话能围绕中心，逐层展开，语言得体、简明、顺畅；写文章能做到中心明确、选材得当、层次清楚、书写规范，并有一定的速度；学会写作常用的应用文。养成多观察、多思考、多写多改的习惯。

3. 听：养成良好的倾听习惯，能够准确把握话语的含义、语言信息的重点和要点，能领会、复述说话人的主要意思。

4. 说：能用普通话流利地进行口语交际。初步掌握口语交际的基本方法和技巧，做到说话条理清楚，吐字清晰，语句流畅，语义明确，措词文明，能根据不同的场合、对象，完整、得体、恰当地表达自己的意思。

### （二）能力培养目标

1. 培养学员爱读书、多读书、读好书的习惯，提高欣赏文学作品的能力。

2. 培养学员与人沟通、合作的交际能力。

## 三、核心教学内容与实训项目

| 序号 | 项目名称 | 课时分配 | | | |
|---|---|---|---|---|---|
| | | 总课时 | 讲授 | 讨论 | 实训 |
| 1 | 记叙文 | 2 | 2 | | |
| 2 | 说明文 | 2 | 2 | | |
| 3 | 议论文 | 2 | 2 | | |
| 4 | 小说与戏剧 | 2 | 2 | | |
| 5 | 诗歌与散文 | 2 | 2 | | |
| 6 | 文言文 | 2 | 2 | | |
| 7 | 公务文书 | 2 | 2 | | |
| 8 | 事务文书 | 2 | 2 | | |
| 9 | 信息类文书 | 4 | 4 | | |
| 10 | 书法常识 | 2 | 2 | | |
| 11 | 听说与社交的艺术 | 4 | 4 | | |
| 合计 | | 26 | 26 | | |
| 机动 | | 2 | | | |
| 总计 | | 28 | | | |

## 四、项目内容及要求

**项目一　记叙文**

知识短文：写人记事，写景抒情

1. 荷塘月色
2. 向中国人脱帽致敬
3. 军神
4. 丑石

**项目二　说明文**

知识短文：说清原理，讲明特征

1. 月亮——地球的妻子，姐妹，还是女儿
2. 汽车外形的发展
3. 天上的科学试验基地——空间站
4. 眼睛与仿生学
5. 交通运输的新宠儿——动车组

**项目三　议论文**

知识短文：析事说理，阐明观点

1. 读书人是幸福人
2. 半厘钱

3. 好走的都是下坡路
4. 请客
**项目四　小说与戏剧**
知识短文：小说与戏剧的阅读与欣赏
1. 药
2. 项链
3. 塔铺
4.《长亭送别》节选
5.《罗密欧与朱丽叶》节选
**项目五　诗歌与散文**
知识短文：诗歌与散文的阅读与欣赏
1. 唐诗四首
渡荆门送别
登高
琵琶行
山居秋暝
2. 宋词四首
雨霖铃
念奴娇·赤壁怀古
声声慢·寻寻觅觅
永遇乐·京口北固亭怀古
3. 现当代诗歌三首
再别康桥
面朝大海春暖花开
我愿意是急流
4.《宽容》序言
**项目六　文言文**
知识短文：文言文阅读常识
1. 邹忌讽齐王纳谏
2. 劝学
3.《论语》七则
**项目七　公务文书**
1. 公文概述
2. 通告、通知、通报
3. 报告、请示
4. 函
5. 会议纪要
**项目八　事务文书**
1. 计划

2. 总结

3. 规章制度

4. 事故报告

**项目九　信息类文书**

1. 启事与声明

2. 商品广告

3. 说明书

4. 请柬与聘书

5. 简历

6. 个人鉴定

**项目十　书法常识**

1. 书法概论

2. 楷书的书写

3. 行书的书写

**项目十一　听说与社交的艺术**

1. 听说与社交的艺术（一）介绍

2. 听说与社交的艺术（二）答问

3. 听说与社交的艺术（三）拒绝

4. 听说与社交的艺术（四）批评

5. 听说与社交的艺术（五）拜访

6. 听说与社交的艺术（六）常用的社交礼仪

7. 听说与社交的艺术（七）讲演

8. 听说与社交的艺术（八）论辩

## 五、考核要求

1. 本课程采用闭卷考试，百分制。

2. 命题时，项目七、八、九所占比例不少于40%。

3. 评分方法：理论考试占总分值70%，日常成绩（含实训）占30%。

## 六、大纲说明

1. 本大纲是根据2009年修订的铁路中专教育内燃机车检修专业教学计划编制的。

2. 教学建议：

(1) 结合教学内容，指导学员进行自读。

(2) 根据教学内容，组织学员进行讨论、观看戏剧片，加深对所学知识的理解。

(3) 写作教学过程中，应将教师讲解与学员自学训练相结合，在深读多练的原则下安排写作训练。

3. 教学用书：铁路职业教育铁道部规划教材《语文》（中专），王湄主编，中国铁道出版社。

# 《数学》课程教学大纲

## 一、课程简介

本课程是内燃机车检修专业的基础课，主要讲授集合与函数、指数函数与对数函数、三角函数、复数、直线与二次曲线、空间图形、数列等内容。通过本课程的学习，使学员抽象概括能力、空间想象能力、逻辑推理能力以及分析和解决问题的能力得到进一步提高。

## 二、课程教学目标

### （一）知识培养目标

1. 理解集合与函数的基本概念和运算方法。

2. 掌握指数函数、对数函数、三角函数的性质、运算法则。

3. 掌握直线方程常见形式及两条直线的位置关系。

4. 掌握圆、椭圆、双曲线、抛物线的标准方程。

### （二）能力培养目标

1. 培养学员的基本运算能力，基本计算工具的使用能力、空间想象能力、数形结合能力、思维能力和简单实际应用能力。

2. 提高学员的数学素养，发展学员的创新意识。

## 三、核心教学内容与实训项目

| 序号 | 项目名称 | 课时分配 | | | |
|---|---|---|---|---|---|
| | | 总课时 | 讲授 | 讨论 | 实训 |
| 1 | 集合与函数 | 8 | 8 | | |
| 2 | 指数函数与对数函数 | 6 | 6 | | |
| 3 | 三角函数 | 16 | 16 | | |
| 4 | 复　数 | 2 | 2 | | |
| 5 | 直线与二次曲线 | 16 | 16 | | |
| 6 | 空间图形 | 4 | 4 | | |
| 7 | 数　列 | 2 | 2 | | |
| 合计 | | 54 | 54 | | |
| 机动 | | 2 | | | |
| 总计 | | 56 | | | |

## 四、项目内容及要求

**项目一　集合与函数**

1. 集合：要求学员初步理解集合的概念，知道常用数集及其记法；初步了解集合的分类及性质；理解集合空集、子集的意义，对属于包含、相等关系的定义要掌握相关术语和符号；对集合的文字表达，符号表达及图示（韦恩图）要能转换自如。

2. 交集、并集、补集、全集：正确理解集合交集、并集、补集、全集的概念，能熟练进行交集、并集、补集的运算。

3. 一元一次不等式组：理解一元一次不等式组解集的概念，会利用数轴求简单的一元一次不等式组，掌握一元一次不等式组解集的几种情况，掌握绝对值不等式的求解方法，会正确使用集合的方法和区间方法表示绝对值不等式的解集。

4. 区间和绝对值不等式：理解并掌握区间的概念，理解函数的概念，明确决定函数的三个要素（即定义域、值域和对应法则），掌握函数的三种表示方法（即解析法、列表法和图像法），会求简单函数的定义域，会判断函数的单调性和奇偶性。

5. 反函数：理解反函数的意义，会求一些函数的反函数；掌握互为反函数的函数图像间的关系，会利用 $y=f(x)$ 与 $y=f^{-1}(x)$ 的性质解决一些问题。

**项目二　指数函数与对数函数**

1. 指数函数和对数函数：理解指数函数和对数函数的概念，能熟练地画出常见的指数函数$\left(\text{底数为}2,\frac{1}{2},10\right)$和对数函数$\left(\text{底数为}2,\frac{1}{2},10\right)$的图像，能利用图像掌握这两种函数的性质，能综合应用概念和性质解决实际问题。

2. 对数、常用对数和自然对数：了解对数、常用对数和自然对数的定义，掌握对数的性质、运算法则和换底公式。

3. 会用计算器计算指数与对数值。

**项目三　三角函数**

1. 任意角与任意角的三角函数：理解任意角与任意角的三角函数的概念，知道同角三角函数关系式。

2. 三角函数的计算：熟练掌握诱导公式，能利用计算器求任意角的三角函数值及已知三角函数值能够利用计算器求出指定范围内的角。

3. 正弦、余弦、正切函数：掌握正弦、余弦、正切函数的图像和性质，会用五点法做出三角函数的图像。

4. 正弦定理与余弦定理：掌握正弦定理与余弦定理，会解斜三角形。

**项目四　复　　数**

1. 复数的概念：理解复数的概念，明确复数、实数、虚数、纯虚数之间的区别和联系，了解复数的分类系统，掌握复数的几何表示法。

2. 复数的代数形式：掌握复数的代数形式的加、减、乘、除的运算法则。

3. 复数的三角形式：掌握复数的三角形式，能熟练地进行复数的三角形式和代数形式之间的互化，掌握复数的三角形式的乘、除、乘方运算法则。

4. 复数的指数形式：了解复数的指数形式。

**项目五　直线与二次曲线**

1. 直线的方程：了解直线的方程的概念，理解直线的倾斜角和斜率的概念，熟练掌握过两点的直线的斜率公式。

2. 直线的其他方程表示：熟练掌握直线的点斜式方程，掌握直线的斜截式、两点式、截距式方程以及直线的一般方程。

3. 直线相交、平行和垂直：掌握两条直线的夹角公式，平行和垂直的条件，交点的求法，以及点到直线的距离公式。

4. 曲线与方程：理解曲线与方程的概念，会求简单的曲线方程。

5. 圆、椭圆、双曲线和抛物线：理解圆、椭圆、双曲线和抛物线的定义，熟练掌握它们的标准方程，了解它们的性质，会作它们的图像。

**项目六　空间图形**

1. 空间直线、平面的概念：理解空间直线、平面的概念和平面的基本性质，会画出平面图形在水平平面内的直观图。

2. 空间直线、平面的关系：理解空间的直线和直线、直线和平面、平面和平面的位置关系，了解它们的性质定理和判定定理。

3. 异面直线：理解异面直线所成的角、直线和平面所成的角、直线垂直平面、二面角等概念，理解三垂线定理及其逆定理，并能应用这些概念和定理进行简单的计算。

4. 多面体和旋转体：了解多面体和旋转体的概念，能利用公式进行柱、锥、台、球表面积和体积的计算。

**项目七　数　　列**

1. 数列：理解数列的概念，会写出简单的数列的通项公式。

2. 等差数列和等比数列：理解等差数列和等比数列的概念，熟练掌握它们的通项公式、前 $n$ 项和公式、等差中项与等比中项公式，并会综合运用这些公式进行计算。

## 五、考核要求

1. 本课程采用闭卷考试，百分制。

2. 命题时，项目一、三、五所占比例不少于 60%。

3. 评分方法：理论考试占总分值 70%，日常成绩（含实训）占 30%。

## 六、大纲说明

1. 本大纲是根据 2009 年修订的铁路中专教育内燃机车检修专业教学计划编制的。

2. 教学建议：教学中应突出实践性教学，加强学员“算”、“画”、“读”等基本技能的训练。

（1）算：基本运算和计算器使用。

（2）画：最基本函数大致图形的描绘（含初中数学已学的描点作图和利用函数性质作图）和简单空间图形的描绘。

（3）读：阅读数学图形，理解其概念、定理。

3. 教学用书：铁路职业教育铁道部规划教材《数学》（中专），邹淑桢主编，中国铁道出版社。

# 《铁道概论》课程教学大纲

## 一、课程简介

本课程是内燃机车检修专业的基础课，是为学习专业课提供必要的基础知识而设置的。课程比较全面、扼要地介绍了铁路运输业，阐述了铁路基本知识与基本原理，主要讲授运输业的性质与种类，我国铁路的发展情况，铁路线路、站场、车辆、机车、动车组、信号与通信等运输设备知识及原理，铁路客货运与行车工作组织，高速和重载铁路运输知识等内容。课程重点围绕和谐铁路的建设，突出铁路新技术、新装备、新工艺、新标准。

## 二、课程教学目标

### （一）知识培养目标

1. 了解运输业的性质、作用、特点及我国铁路的发展史，重点掌握我国铁路取得的巨大成就和和谐铁路的建设蓝图。

2. 系统掌握铁路线路、站场、车辆、机车、动车组、信号与通信、电气化铁道供电设备等运输设备的基本知识及基本原理。

3. 掌握铁路客货运输产品的生产流程。

4. 了解高速铁路、重载运输的一些关键技术。

### （二）能力培养目标

1. 建立铁路运输的整体概念，树立铁路运输高度集中、统一指挥的重要理念。

2. 确定本专业在整个铁路运输业中的地位和重要性，为后续课程的学习奠定基础。

## 三、核心教学内容与实训项目

| 序号 | 项目名称 | 课时分配 | | | |
|---|---|---|---|---|---|
| | | 总课时 | 讲授 | 讨论 | 实训 |
| 1 | 绪论 | 2 | 2 | | |
| 2 | 铁路线路 | 6 | 4 | | 2 |
| 3 | 车站 | 4 | 2 | | 2 |
| 4 | 铁路车辆 | 4 | 2 | | 2 |
| 5 | 铁路机车 | 4 | 2 | | 2 |

续上表

| 序　号 | 项　目　名　称 | 课　时　分　配 | | | |
|---|---|---|---|---|---|
| | | 总课时 | 讲　授 | 讨　论 | 实　训 |
| 6 | 铁路动车组 | 6 | 2 | 2 | 2 |
| 7 | 铁路信号和通信 | 8 | 6 | | 2 |
| 8 | 铁路运输组织 | 4 | 2 | | 2 |
| 9 | 高速铁路和重载运输 | 4 | 2 | 2 | |
| 合　计 | | 42 | 24 | 4 | 14 |
| 机　动 | | 6 | | | |
| 总　计 | | 48 | | | |

## 四、项目内容及要求

**项目一　绪　论**

1. 了解现代交通运输业的作用、性质和种类。

2. 了解铁路运输业的发展史，了解我国铁路运输业的发展、掌握铁路运输业的特点、任务及我国铁路的管理组织机构。

3. 熟悉《中长期铁路网规划》、铁路“十一五”规划的主要内容及和谐铁路建设良好开局情况。

**项目二　铁路线路**

1. 了解铁路勘测设计基本情况，掌握铁路等级和主要的技术标准，了解铁路等级划分条件。

2. 熟悉铁路线路的平面的组成、曲线（圆曲线、缓和曲线）的基本要素及对运营条件的影响，了解铁路线路的纵断面的组成及坡度设置对运营条件的影响，掌握线路标志的种类及用途。

3. 熟悉路基的组成及路基的基本形式，了解路基的排水和防护的措施，熟悉桥隧建筑物的种类及用途。掌握道口、交叉及线路接轨的基本知识。

4. 掌握轨道的组成及各部分的作用，重点掌握普通单开道岔及提速道岔的组成、原理、道岔号数确定方法，熟悉其他类型道岔与交叉设备，了解无缝线路、新型轨下基础与普通线路、轨下基础的关系，掌握轨道上两股钢轨的相互位置及与运营的关系。

5. 掌握机车车辆限界、建筑限界的含义、用途及主要的技术参数。

6. 了解线路经常维修、线路大修、线路中修、线路作业机械化的基本知识。

实训要求：

1. 通过对线路、路基、桥隧建筑物、道口（交叉、线路接轨）等的现场教学，掌握铁路线路相关基本知识。

2. 通过理论结合实际讲解，掌握铁路线路对运营条件尤其是安全的影响，牢固树立安全意识。

**项目三　车　　站**

1. 掌握车站、区间、闭塞分区、区段及站界、车站线路与线路间距、股道和道岔的编号及股道有效长等基本概念、分类、用途，重点掌握股道、道岔的编号方法和股道有效长的确定方法，形成车站整体概念。

2. 熟悉中间站、区段站的主要设备、主要作业、图型，掌握会让站、越行站的主要用途。

3. 熟悉编组站的任务及主要作业、编组站的主要设备、分类、布置图及其主要类型，掌握编组站的主要作业流程，掌握平面牵出线、驼峰调车的原理，熟悉驼峰的分类、驼峰的平、纵断面、驼峰调速系统、驼峰调速设备，了解编组站综合自动化的基本情况。

4. 了解铁路枢纽的含义、铁路枢纽设备、铁路枢纽类型的基本知识。

实训要求：通过现场参观各种车站设备，掌握设置的目的、意义。

**项目四　铁路车辆**

1. 掌握车辆的分类、用途、车辆标记、车辆方位和技术参数等基本知识。

2. 掌握车辆的车体、车内设备、走行装置、车钩缓冲装置、制动装置等五大部分的用途、构造组成及作用原理，重点掌握走行装置、车钩缓冲装置、制动装置三大部件的构造组成、工作原理及使用，形成车辆的整体概念。

3. 了解我国现行的铁道车辆检修制度及车辆检修场所的种类、分工。

4. 了解红外线轴温探测系统、车辆动态检测系统、“5T”检测系统。

实训要求：

1. 通过现场参观，掌握车辆的分类、用途、车辆标记、车辆方位和技术参数等基本知识。

2. 通过现场参观，掌握车辆的车体、车内设备、走行装置、车钩缓冲装置、制动装置等五大部分的用途、构造组成及作用原理，了解检修制度及检测系统。

**项目五　铁路机车**

1. 掌握机车分类。

2. 掌握电传动内燃机车的基本组成及各部作用、电传动内燃机车的基本工作原理，了解内燃机车的发展情况。

3. 熟悉电气化铁道供电系统的基本知识。

4. 掌握电力机车的基本组成、工作原理及各部作用，了解电力机车的发展情况。

5. 了解机车运用与检修的基本知识。

实训要求：

1. 通过现场参观，掌握内燃机车、电力机车的基本组成、工作原理及各部作用，了解机车运用与检修的基本知识。

2. 通过现场参观，熟悉电气化铁道供电系统的基本知识。

**项目六　铁路动车组**

1. 掌握动车组的基本概念、分类、主要技术特点。

2. 了解国外高速列车的运用情况。

3. 了解国内动车组发展历程。

4. 掌握和谐号动车组编号规则，了解和谐号动车组基本参数，了解 $CRH_1$、$CRH_2$、$CRH_3$、$CRH_5$ 型动车组的基本情况，掌握 $CRH_1$ 型动车组的编组、高压供电系统、辅助供电系统、牵引系统、司机室、车钩、转向架、制动系统、列车控制管理系统、安全系统等整个系统组成、功能。

5. 了解动车组修程、修制，了解动车运用段和动车运用所布局。

实训要求：通过现场参观，掌握动车组各个系统的组成、功能。

**项目七　铁路信号和通信**

1. 掌握铁路信号的概念、作用、设备构成及其分类。

2. 掌握信号装置的分类、信号机的种类、设置，了解色灯信号机机构，掌握继电器的基本工作原理，掌握轨道电路的概念、作用、基本工作原理，熟悉轨道电路的组成、几种常用轨道电路的基本知识，掌握转辙机的作用、分类、设置、特点，熟悉转辙机的主要部件及其作用。

3. 掌握联锁的基本概念、基本内容、联锁设备的分类，了解6502大站电气集中联锁设备、计算机联锁设备的用途、设备组成、基本工作原理。

4. 掌握闭塞设备的分类，掌握半自动闭塞、自动站间闭塞、自动闭塞等闭塞设备的基本概念、作用、设备组成及基本工作原理。

5. 熟悉机车信号、站内轨道电路电码化、列车运行超速防护的基本概念、作用、设备组成及基本工作原理。

6. 熟悉TDCS、CTC的基本概念、总体结构、原理及功能。

7. 熟悉驼峰场信号设备的组成、作用及其特点，了解自动化驼峰各子系统的功能及基本工作原理，了解编组站综合自动化控制系统的基本概念。

8. 了解电话通信、专用通信、GSM-R等铁路通信系统基本功能及对铁路运输产生的作用。

实训要求：

1. 通过现场参观，掌握信号装置、轨道电路、转辙机的基本知识。

2. 通过现场参观，掌握联锁的基本关系，了解继电联锁设备、计算机联锁设备的用途、设备组成、基本工作原理。

3. 通过现场参观，熟悉TDCS、CTC的总体结构及功能。

4. 通过现场参观，熟悉驼峰场信号设备的组成、作用。

**项目八　铁路运输组织**

1. 掌握旅客列车种类、旅客运输生产过程、动车组列车旅客运输生产过程、行李、包裹运输的组织，强化旅客安全运输意识，树立合同意识。

2. 掌握货物运输的种类、货物运到期限、货物运输生产过程、铁路集装运输与特种货物运输的概念和基本条件，了解全路货运营销及生产管理系统（FMOS）的基本情况，了解铁路货运事故的分类及处理的基本原则，强化货物运输的安全意识，树立合同意识。

3. 掌握列车的编组、列车运行图及通过能力、铁路运输调度指挥、车站行车组织工作的基本概念和组织内容。

4. 掌握行车安全、人身安全的基本要求及预防措施。

实训要求：

1. 通过现场参观，掌握旅客运输生产过程、动车组列车旅客运输生产过程、行李、包裹运输的组织。

2. 通过现场参观，掌握货物运输生产过程。

3. 通过现场参观，掌握铁路运输调度指挥、车站行车组织工作的基本内容。

**项目九　高速铁路和重载运输**

1. 了解高速铁路概况、模式、划分的一般知识，了解高速铁路发展历程及铁路六次提速等基本情况。

2. 熟悉高速铁路线路与车站、高速铁路牵引动力与车辆的技术设备。

3. 了解高速铁路和动车组运输组织办法。

4. 熟悉重载铁路的标准，熟悉重载运输的三种模式的基本知识。

5. 了解重载运输技术设备基本知识。

6. 了解重载运输组织方式。

## 五、考核要求

1. 本课程采用闭卷考试，百分制。

2. 命题时，项目一、九各占 5%，项目二、三、七、八各占 15%，项目四、五、六各占 10%。

3. 评分方法：考试成绩占 70%，日常成绩（含实训）占 30%。

## 六、大纲说明

1. 本大纲是根据 2009 年修订的铁路中专教育内燃机车检修专业教学计划编制的。

2. 教学建议：

(1) 教学中应结合教学内容，进行思想品质、职业道德、工作作风方面的教育。

(2) 教学中应积极进行教法改革，运用现代教学手段，贯彻以能力本位、以学员为主体等教学原则，培养学员分析问题、解决问题的能力和创新意识。

(3) 教学中应注重铁路新技术、新装备、新工艺的收集，补充和更新教学内容。

(4) 由于各铁路局实际情况、长期规划不同，各专业对铁道概论实际需求不一，因此，实际授课时可结合实际情况有所侧重和取舍。

3. 教学用书：铁路职业教育铁道部规划教材《铁道概论》，周平主编，中国铁道出版社。

# 《内燃机车总体》课程教学大纲

## 一、课程简介

本课程是内燃机车检修专业的专业课，重点介绍内燃机车基本构成、结构特点和有关内燃机车的基本数据。通过学习，使学员掌握内燃机车总体的相关知识。

## 二、课程教学目标

### （一）知识培养目标

1. 了解内燃机车的基本构造。
2. 掌握内燃机车各种主要技术数据及其含义。
3. 掌握内燃机车转向架、车钩和基础制动装置的作用、组成和检查内容。

### （二）能力培养目标

培养对内燃机车特点和结构的认识分析能力。

## 三、核心教学内容与实训项目

| 序号 | 项目名称 | 课时分配 | | | |
|---|---|---|---|---|---|
| | | 总课时 | 讲授 | 讨论 | 实训 |
| 1 | 内燃机车基本知识 | 10 | 4 | | 6 |
| 2 | 车体和车钩缓冲装置 | 12 | 2 | | 10 |
| 3 | 内燃机车转向架 | 6 | 6 | | |
| 4 | 内燃机车基础制动装置 | 4 | 2 | | 2 |
| 合计 | | 32 | 14 | | 18 |
| 机动 | | 4 | | | |
| 总计 | | 36 | | | |

## 四、项目内容及要求

**项目一　内燃机车基本知识**

1. 了解内燃机车的发展历史、现状和发展趋势，了解内燃机车自身的特点。
2. 了解内燃机车的分类、型号和轴列式。

3. 掌握内燃机车的基本结构，理解机车车体各工作室的功能。

4. 掌握内燃机车各种功率概念，区分其不同，掌握东风$_{4B}$型内燃机车的相关功率值。

5. 掌握内燃机车特征速度和特征牵引力的概念，掌握东风$_{4B}$型内燃机车的相关参数。

实训要求：到机务段现场参观，使学员对机车的基本构造建立感性认识。重点参观机车的五个工作室、转向架与车体连接部件、电机悬挂等。

**项目二　车体和车钩缓冲装置**

1. 掌握车体的形式和作用，了解车体主要的通风处所、通风设施及使用。

2. 掌握车钩缓冲装置的作用。

3. 掌握车钩的组成和工作位置。

实训要求：

1. 掌握车钩的拆装。

2. 口述车钩缓冲装置的重点检查的内容，指出易磨损、易断裂部位、涂油部位，识读车钩的铸造标记和检修标记。

3. 掌握有关尺寸的测量。

**项目三　内燃机车转向架**

1. 掌握转向架的作用、组成和主要参数。

2. 了解车体与转向架之间的连接。

3. 掌握机车的减震与缓冲装置类型和特点。

4. 掌握东风$_{4B}$内燃机车的重要技术参数。

5. 掌握东风$_{4B}$内燃机车纵向力、横向力和垂向力的传递路线。

6. 掌握转向架检查的重点内容。

7. 掌握牵引电动机的悬挂方式、对轮对的驱动过程。

**项目四　内燃机车基础制动装置**

1. 掌握基础制动装置的作用和组成。

2. 掌握基础制动装置的检查和调整方法。

实训要求：学员通过参观，了解基础制动装置的作用过程，学会调整闸瓦间隙。

## 五、考核要求

1. 本课程采用闭卷考试，百分制。

2. 命题时，项目一、二、三所占比重不少于90%。

3. 评分方法：考试成绩占70%，日常成绩（含实训）占30%。

## 六、大纲说明

1. 本大纲是根据2009年修订的铁路中专教育内燃机车检修专业教学计划编制的。

2. 教学建议：

(1) 教学中要充分利用挂图、模型、实物、多媒体课件等形式，帮助学员建立直观的机车总体印象。

(2) 项目二中的实训项目要求教师认真设计，编写出实习指导书，明确实训的题目、内容、程序步骤和验收标准，学员实训后要写出实习报告并进行考核。

3. 教学用书：铁路职业教育铁道部规划教材《内燃机车总体》（中专），李晓村主编。中国铁道出版社。

# 《机械基础》课程教学大纲

## 一、课程简介

本课程是内燃机车检修专业的基础课，主要讲授与内燃机车专业课学习有关的金属材料、常用机构、传动机构、机械零件、力学、运动学等知识，为学员的专业课学习打好基础。

## 二、课程教学目标

### （一）知识培养目标

1. 掌握基本的力学知识，能够进行简单的受力分析。
2. 掌握常用机构的传动原理。
3. 掌握常用零件的结构特点和作用。
4. 了解金属材料的分类和基本特性。

### （二）能力培养目标

培养微观认识和初步的抽象分析能力。

## 三、核心教学内容与实训项目

| 序号 | 项目名称 | 课时分配 | | | |
|---|---|---|---|---|---|
| | | 总课时 | 讲授 | 讨论 | 实训 |
| 1 | 金属材料 | 10 | 10 | | |
| 2 | 力学基础（一） | 24 | 8 | 16 | |
| 3 | 力学基础（二） | 8 | 8 | | |
| 4 | 摩擦 | 2 | 2 | | |
| 5 | 拉伸和压缩 | 4 | 4 | | |
| 6 | 剪切和挤压 | 4 | 4 | | |
| 7 | 机械与机器 | 4 | 4 | | |
| 8 | 连接 | 8 | 4 | | 4 |
| 9 | 传动 | 4 | 4 | | |
| 10 | 支承零部件 | 4 | 4 | | |
| 合计 | | 72 | 52 | 16 | 4 |
| 机动 | | 12 | | | |
| 总计 | | 84 | | | |

# 四、项目内容及要求

**项目一　金属材料**

1. 了解金属材料的分类方法，并简单识别各种金属材料。

2. 理解金属材料变形的形态。

3. 理解金属材料强度、塑性、硬度三种机械性能和热膨胀性、导热性、导电性三种物理性能和金属材料的主要工艺性能。

4. 理解黑色金属中非合金钢、低合金钢、合金钢和铸铁的分类、牌号和用途。

5. 理解钢的各种热处理方法和对其性能的影响。

6. 理解不同截面形状对零件强度的影响。

7. 掌握金属材料腐蚀的基础知识和防腐的措施。

8. 了解各种金属加工工艺及其特点。

9. 理解金属材料零件的加工缺陷种类和产生的原因、处理方法。

**项目二　力学基础（一）**

1. 掌握力的三要素和牛顿第一、第三定律。

2. 掌握简单的受力分析方法。

3. 掌握力在多个相互作用的物体间的传递的分析方法。

实训要求：通过多种形式和反复的受力分析训练，使学员掌握基本的力的传递、物体的受力情况等力学知识，能够对曲柄连杆机构等典型机构的受力进行分析，并能够理解内燃机车运行中牵引力、垂向力和横向力的传递情况。

**项目三　力学基础（二）**

1. 理解机械运动、位置和位移的概念。

2. 理解速度、匀速直线运动和匀变速直线运动的概念。

3. 掌握牛顿第二定律。

4. 理解功和能的概念，掌握决定动能和势能大小的因素。

5. 理解能量的转换与守恒。

**项目四　摩　　擦**

1. 掌握动、静摩擦的区别和摩擦力的计算。

2. 掌握减小摩擦力的措施和原理。

**项目五　拉伸和压缩**

1. 掌握拉伸与压缩的基本概念。

2. 理解拉压变形与虎克定律。

3. 比较理解典型金属材料的拉压力学性能。

4. 掌握安全系数的概念。

**项目六　剪切和挤压**

1. 理解剪切和挤压的概念。

2. 理解剪切和挤压对构件的影响和破坏形式。

**项目七　机械与机器**

1. 理解机器与机构的概念，掌握四杆机构的特点。

2. 能够对照理解简单的机构运动符号和简图。

3. 掌握凸轮机构的特点和应用、凸轮机构的分类及各类型的特点、凸轮机构的工作过程。

4. 掌握棘轮机构的工作原理和分类。

5. 掌握曲柄滑块机构的工作原理。

6. 以内燃机车柴油机中的曲柄连杆机构和配气机构为例，使学员练习分析其工作的基本原理。

**项目八　连　　接**

1. 理解连接的目的和分类。

2. 掌握键连接和销连接的种类与特点。

3. 掌握螺纹连接的类型、特点和应用，能够识别各种螺纹连接件和看图识别各种螺纹连接类型。

4. 掌握螺纹连接的预紧工具的使用和放松措施。

5. 了解各种轴间连接。

实训要求：

1. 认识各种连接。

2. 识别各种连接件，能够口述其名称并绘制简图。

3. 理解螺纹连接的各种防松措施，并能够正确使用扭力扳手。

**项目九　传　　动**

1. 理解皮带传动的弹性滑动和打滑原因，掌握皮带疲劳断裂的原因。

2. 掌握齿轮传动的分类和齿轮传动、平行定轴轮系传动比的计算。选取《内燃机车柴油机》的正时齿轮，使学员进一步掌握轮系传动比的计算。

3. 掌握齿轮的失效形式和判断方法。

**项目十　支承零部件**

1. 以直轴和曲轴为重点，掌握轴的分类与一般应用。

2. 理解轴上部件的轴向和周向固定方法。

3. 掌握滑动轴承的结构、轴瓦的作用和轴承润滑方式。

4. 掌握滚动轴承的一般构造和类型、特点。

## 五、考核要求

1. 本课程采用闭卷考试，百分制。

2. 命题时，项目一至项目六、项目八、项目九在试卷中所占比例不少于80％。

3. 评分方法：考试成绩占70％，日常成绩（含实训）占30％。

# 六、大纲说明

1. 本大纲是根据2009年修订的铁路中专教育内燃机车检修专业教学计划编制的。

2. 教学建议：

(1) 本大纲内容涉及面较广，需要教师在以教材内容为主、不提高难度的同时，尽量进行一些扩展，特别是参考专业课教材，提前指导学员介入有关知识的学习。

(2) 教学中要充分利用挂图、模型、实物、多媒体课件等形式，为学员提供多方位学习的条件，项目八中的实训内容不仅限于实验验证，而且注重技能训练，教师要注重训练项目的设计，编写实训指导书，要根据训练标准反复练习，并进行考核。

3. 教学用书：铁路职业教育铁道部规划教材《机械基础》（中专），祖国庆主编，中国铁道出版社。

# 《机械识图》课程教学大纲

## 一、课程简介

本课程是内燃机车检修专业的基础课，主要讲授机械识图的基本知识，投影的概念和视图，各种标准件、常用件的机械图的绘制和识别，简单零件和装配图的识读，各种原理图的识读分析技巧等。

## 二、课程教学目标

### （一）知识培养目标

1. 了解机械图的形式、内容和国家标准，识读简单的机械图。
2. 掌握各种标准件和常用件的画法，从装配图中识读这些部件。
3. 能够掌握各种原理图的分析和识读。

### （二）能力培养目标

培养实物与图纸的对应认识和分析能力。

## 三、核心教学内容与实训项目

| 序号 | 项目名称 | 课时分配 | | | |
|---|---|---|---|---|---|
| | | 总课时 | 讲授 | 讨论 | 实训 |
| 1 | 机械图的基本知识 | 4 | 4 | | |
| 2 | 投影的基本知识和正视图 | 12 | 8 | 4 | |
| 3 | 标准件和常用件 | 10 | 8 | 2 | |
| 4 | 零件图和装配图 | 12 | 6 | 6 | |
| 5 | 各种原理图 | 10 | 6 | 4 | |
| 合计 | | 48 | 32 | 16 | |
| 机动 | | 8 | | | |
| 总计 | | 56 | | | |

## 四、项目内容及要求

**项目一　机械图的基本知识**

1. 了解机械样图的种类。

2. 了解制图的有关国家标准。

3. 向学员提供多种样图，使学员熟悉简单零件图中各种线型和含义。

**项目二　投影的基本知识和正视图**

1. 理解投影法的基本概念。

2. 理解正视图形成和识读方法。

3. 理解基本体及其正视图。

4. 了解基本体的尺寸标注法。

5. 掌握简单的组合体的正视图的识读方法。

6. 掌握剖面的表示方法和具有单一剖切面的简单图纸的识读。

实训要求：

1. 进行基本体和简单零件的正视图与实物的对照练习。

2. 进行基本体的尺寸标注练习。

3. 进行简单零件的剖面图的识读练习。

通过选择习题集中的相关内容，由教师指导进行实物与图纸之间反复的对照练习，帮助学员归纳出识图的方法和技巧。

**项目三　标准件和常用件**

1. 掌握螺纹的基本要素、规定画法和尺寸标注。

2. 掌握螺纹紧固件的种类和简化画法。

3. 掌握齿轮画法和识读。

4. 掌握键、销的作用和识读。

5. 掌握滚动轴承的画法和识读。

6. 掌握弹簧的画法和识读。

实训要求：掌握各种紧固件和常用件的绘制与识读。

**项目四　零件图和装配图**

1. 了解零件图的主要内容。

2. 掌握零件图中各种孔的画法。

3. 识读零件图。

4. 掌握常见的装配结构的识读，特别是《内燃机车柴油机》和《内燃机车电传动》等专业课教材中的典型零件图、装配图的识读。

实训要求：

1. 各种典型零件图的识读训练。

2. 选择习题集和专业课教材中的相关图样，从装配图中识别典型紧固件、常用件训练。

3. 绘制简单零件草图和安装草图（标注尺寸）。

**项目五　各种原理图**

1. 理解装配原理图、工作原理图中各种简化画法的含义。

2. 掌握依据原理图理解机构工作原理的方法。

3. 掌握机构平面布置图、三维结构图的识读方法。

实训要求：识读专业课教材中的各种工作原理图、平面布置图、三维结构图，掌握识读方法和技巧。

## 五、考核要求

1. 本课程采用闭卷考试，百分制。

2. 命题时，项目一中基本线型的含义、项目二中尺寸标注、项目三和项目四中典型零件的画法和简单装配图的识读等知识点在试卷中所占比重不少于试卷分数的 80%。

3. 评分方法：考试成绩占 70%，日常成绩（含实训）占 30%。

## 六、大纲说明

1. 本大纲是根据 2009 年修订的铁路中专教育内燃机车检修专业教学计划编制的。

2. 教学建议：

(1) 本大纲的主题思想在于培养学员的识图和读图能力。教学中要充分利用挂图、模型、实物、多媒体课件等形式，为学员提供多方位读图识图的条件。

(2) 在实训项目中，教师要向学员提供多种图样对照学习，选择习题集中的相关内容，由教师指导进行实物与图纸之间反复的对照练习。对于原理图的识读训练，建议教师结合多媒体课件，同时选择《内燃机车柴油机》和《内燃机车电传动》等专业课教材中的典型零件图、装配图、原理图等插图讲解。

(3) 实训项目不仅限于实验验证，而且注重技能训练，教师要注重训练项目的设计，要有重复次数和最终的训练标准。

3. 教学用书：铁路职业教育铁道部规划教材《机械识图》(中专)、《机械识图习题集》(中专)，戴永康主编，中国铁道出版社。

# 《电工电子技术基础》课程教学大纲

## 一、课程简介

本课程是内燃机车检修专业的基础课，主要讲授与内燃机车专业课学习有关的电工和电子基础知识，使学员熟悉基本电路图的识读，电路的连接和功能的实现，掌握安全用电知识和技能。

## 二、课程教学目标

### （一）知识培养目标

1. 掌握基本的电工学知识，能够进行简单的电路分析。
2. 掌握常用的电器元件的性能和使用知识，能够进行简单的电路设计和连接。
3. 掌握安全用电知识。

### （二）能力培养目标

培养对电路和基本电器元件的认识分析能力。

## 三、核心教学内容与实训项目

| 序号 | 项目名称 | 课时分配 | | | |
|---|---|---|---|---|---|
| | | 总课时 | 讲授 | 讨论 | 实训 |
| 1 | 电路的基本概念和基本定律 | 26 | 14 | | 12 |
| 2 | 磁场 | 4 | 4 | | |
| 3 | 电容和电感元件 | 8 | 4 | | 4 |
| 4 | 正弦交流电 | 10 | 10 | | |
| 5 | 二极管 | 6 | 2 | | 4 |
| 6 | 电路图识图训练 | 12 | | 12 | |
| 7 | 安全用电 | 6 | 4 | | 2 |
| 合计 | | 72 | 38 | 12 | 22 |
| 机动 | | 12 | | | |
| 总计 | | 84 | | | |

## 四、项目内容及要求

**项目一　电路的基本概念和基本定律**

1. 识图（教材中手电筒电路图），熟悉电路的基本组成和电工符号。

2. 理解电源、电动势、电流、电位、电压、电阻等基本物理量的定义。

3. 掌握电阻定律、欧姆定律并能够进行简单计算。

4. 理解电功率的概念。

5. 掌握电路的三种状态。

6. 能够正确区分串并联电路。

实训要求：

1. 认识电源等基本的电路元件，认识并区分各种连接导线，熟悉其选择使用的原则，掌握基本的串并联电阻电路的连接，熟悉工具使用和电路连接技能。

2. 验证电路的短路、短路和接通三种状态。

3. 掌握万用表、兆欧表的使用，对电路进行测量并进行简单计算。

4. 将实际电路绘制成电路图和按功能要求绘制出电路图并进行实际连接。

**项目二　磁　　场**

1. 掌握磁场的基本知识，磁场的表示和基本物理量。

2. 掌握电流周围磁场的方向判断和强弱影响因素。

3. 掌握电流在磁场中受力情况分析方法。

4. 掌握处于变化的磁场中的线圈产生电动势（电流）的有关知识。

**项目三　电容和电感元件**

理解电容和电感元件的特性及其使用。

实训要求：

1. 认识各种电容和电感元件。

2. 测试电容元件的绝缘电阻、判断电容元件质量情况。

3. 测试电感元件特性。

**项目四　正弦交流电**

1. 掌握恒稳电流、直流电和交流电的基本区别。

2. 理解正弦交流电的产生和基本特征。

3. 掌握交流变压器工作原理和原副边电压、电流的变换关系。

**项目五　二 极 管**

掌握二极管的特性和在电路中的基本应用。

实训要求：

1. 识别各种二极管。

2. 通过符号判断二极管的极性。

3. 使用万用表检测二极管的质量和判断极性。

4. 连接简单的二极管电路验证二极管特性。

**项目六　电路图识图训练**

实训要求：

1. 根据简单的串并联电路图连接电路。

2. 提供各种样图，并从《内燃机车电传动》教材电路图章节中选取部分电路供学员识读，练习读图技能。

**项目七　安全用电**

1. 掌握安全用电的基本要求。

2. 掌握用电安全事故的分类和处理方法。

实训要求：

1. 识别各类用电标识和安全警示标志。

2. 掌握典型电力设备故障和触电事故时的处理方法。

## 五、考核要求

1. 本课程采用闭卷考试，百分制。

2. 命题时，项目一、二、七所占比重不少于80%。

3. 评分方法：考试成绩占70%，日常成绩（含实训）占30%。

## 六、大纲说明

1. 本大纲是根据2009年修订的铁路中专教育内燃机车检修专业教学计划编制的。

2. 教学建议：

本大纲内容注重够用为度，加大学员的训练力度，实训项目不仅限于实验验证，而且注重技能训练，教师要注重训练项目的设计，编写出实习指导书，明确实训的题目、内容、程序步骤和验收标准，反复练习，学员实训后要写出实习报告并进行考核。

3. 教学用书：

(1) 铁路职业教育铁道部规划教材《电工电子技术基础》（中专），林宏裔主编，中国铁道出版社。

(2) 铁路职业教育铁道部规划教材《电工技能实训指导书》，王程有主编，中国铁道出版社。

# 《计算机应用基础》课程教学大纲

## 一、课程简介

本课程是内燃机车检修专业的基础课，主要讲授计算机及网络基础知识、微机操作系统、文字处理软件、电子表格软件和相关演示软件的基本知识及基本操作。通过本课程的学习，使学员掌握计算机应用的基础知识，具有操作和使用微机系统的基本能力。

## 二、课程教学目标

### （一）知识培养目标

1. 使学员了解和掌握计算机的基本知识。包括计算机硬件和软件的基本概念、微机的基本构成及各部件的功能、计算机网络基本知识、微机操作系统 Windows XP、文字处理软件 Word 2003、电子表格软件 Excel 2003 和演示软件 PowerPoint 2003 的基本知识及基本操作等，了解计算机硬件与计算机软件的关系以及计算机发展趋势。

2. 掌握计算机的文字处理和数据处理方法，借助计算机工具查阅、收集、处理相关数据。

### （二）能力培养目标

1. 掌握计算机的基本操作技能，具有较强的上机操作能力。

2. 培养学员的计算机应用能力，掌握应用计算机工具创作作品的基本技能。

## 三、核心教学内容与实训项目

| 序号 | 项目名称 | 课时分配 | | | |
|---|---|---|---|---|---|
| | | 总课时 | 讲授 | 讨论 | 实训 |
| 1 | 计算机基础知识 | 4 | 4 | | |
| 2 | 中文操作系统 Windows XP | 12 | 6 | | 6 |
| 3 | 中文处理软件 Word 2003 | 30 | 12 | 2 | 16 |
| 4 | 中文电子表格 Excel 2003 | 30 | 12 | 2 | 16 |
| 5 | 演示文稿 PowerPoint 2003 | 14 | 6 | | 8 |
| 6 | 计算机网络基础 | 12 | 4 | | 8 |
| 合计 | | 102 | 44 | 4 | 51 |
| 机动 | | 12 | | | |
| 总计 | | 114 | | | |

## 四、项目内容及要求

**项目一　计算机基础知识**

1. 掌握计算机的定义，了解计算机的发展及特点，熟悉计算机的分类。

2. 熟悉多媒体计算机系统的组成及其结构。

3. 掌握计算机系统的主要连接方法和正确使用技巧。

4. 掌握计算机病毒及其防治的方法。

**项目二　中文操作系统 Windows XP**

1. 了解 Windows XP 的基本概念、特点、界面组成，掌握 Windows XP 的界面操作。

2. 了解多任务的概念，掌握应用程序的运行、切换和退出。

3. 了解文件的基本概念，掌握“我的电脑”、“资源管理器”的使用及文件与文件夹的操作。

4. 掌握磁盘的基本操作。

5. 掌握控制面板中的主要操作。

实训要求：通过对 Windows XP 系统的上机操作实训，进一步掌握 Windows XP 操作技能，并能在工作中应用。

**项目三　中文处理软件 Word 2003**

1. 了解 Word 2003 的功能及启动、退出方法，了解 Word 2003 界面组成。

2. 掌握 Word 2003 的基础操作和 Word 2003 的排版技术。

3. 掌握 Word 2003 表格的制作和 Word 2003 表格的计算。

4. 了解数学公式的制作。

5. 掌握 Word 2003 的图文混排功能。

实训要求：通过对 Word 2003 文字处理系统的上机操作实训，掌握 Word 2003 文字处理技能，能使用该软件进行相关文字处理工作。

**项目四　中文电子表格 Excel 2003**

1. 了解 Excel 2003 基本功能及基本概念。

2. 掌握 Excel 2003 的基本操作。

3. 掌握公式和函数的使用。

4. 掌握工作表的格式化。

5. 掌握图表的使用及打印。

6. 掌握数据库操作及数据的保护。

实训要求：通过对 Excel 2003 电子表格系统上机操作实训，熟悉工作表的建立和各种操作，掌握电子表格处理软件 Excel 2003 的使用技能。

**项目五　演示文稿 PowerPoint 2003**

1. 熟悉演示文稿中的基本工作界面，掌握演示文稿的创建方法。

2. 掌握在幻灯片上输入和编辑文本、图形的方法，熟悉演示文稿的修改技巧。

3. 掌握幻灯片的放映设置和操作方法。

4. 掌握演示文稿的打印设置。

实训要求：通过对 PowerPoint 2003 演示文稿上机操作实训，掌握中文演示软件 PowerPoint 2003 演示文稿创建方法，修改技巧等技能。

**项目六　计算机网络基础**

1. 了解计算机网络的定义、功能、分类，计算机网络系统的组成。

2. 掌握 Internet 的连接方法与浏览方法。

3. 掌握电子邮件的基本操作。

实训要求：通过计算机网络与 Internet 操作实训，掌握 Internet 的连接与浏览方法以及电子邮件等的基本操作技能，会上网收集信息和使用电子邮件。

## 五、考核要求

1. 采取理论闭卷考试与上机实作考试相结合方式进行考核，百分制。

2. 命题时，项目三、四所占比例分别不少于 25%，项目二、五、六分别不少于 15%。

3. 评分方法：理论闭卷考试与上机考试成绩各占 50%。

4. 上机实际操作考试应注意与现场实际工作相结合，主要考核学员上机操作能力、分析问题和解决问题能力。有条件的可利用考试软件进行考试。

## 六、大纲说明

1. 本大纲是根据 2009 年修订的铁路中专教育内燃机车检修专业教学计划编制的。

2. 教学建议：课程重点应突出操作技能，在教学过程中要运用多媒体网络技术和微机教室进行教学，培养训练学员的上机操作技能和创新能力。

3. 教学用书：铁路职业教育铁道部规划教材《计算机应用基础》(中专)，姬立中主编，中国铁道出版社。

# 《铁路职业道德》课程教学大纲

## 一、课程简介

本课程是内燃机车检修专业的基础课，主要讲授职业道德的基本知识和概念，铁路职业道德建设与和谐铁路的关系，铁路职业道德修养，与铁路职业生活中相关的铁路法和劳动法的相关知识，重点讲授铁路职业道德规范的具体内容和基本要求。通过学习，使学员树立正确的世界观、人生观、价值观、道德观，形成良好的职业道德。

## 二、课程教学目标

### （一）知识培养目标

1. 了解铁路职业道德的内涵与特征。
2. 理解铁路职业道德与和谐铁路建设的内在联系。
3. 掌握铁路职业道德的主要规范及基本要求。
4. 熟悉铁路职业道德修养的培养途径和方法。

### （二）能力培养目标

1. 培养学员职业道德意识和法律意识。
2. 提高学员职业道德修养。

## 三、核心教学内容与实训项目

| 序　号 | 项　目　名　称 | 课　时　分　配 | | | |
|---|---|---|---|---|---|
| | | 总课时 | 讲　授 | 讨　论 | 实　训 |
| 1 | 道德与职业道德概述 | 4 | 4 | | |
| 2 | 铁路职业道德建设与和谐铁路 | 4 | 4 | | |
| 3 | 铁路职业道德规范 | 18 | 12 | 6 | |
| 4 | 铁路职业道德修养 | 4 | 4 | | |
| 5 | 铁路职业生活中的法律规范 | 4 | 4 | | |
| 合　计 | | 34 | 28 | 6 | |
| 机　动 | | 4 | | | |
| 总　计 | | 38 | | | |

## 四、项目内容及要求

**项目一　道德与职业道德概述**

1. 了解道德的含义及特征。

2. 理解职业及特征，了解职业道德的内涵及特征，掌握社会主义职业道德的核心与基本原则。

3. 了解职业道德与社会主义市场经济的关系，了解职业道德与社会主义道德建设关系，了解职业道德对构建社会主义和谐社会的重大意义。

**项目二　铁路职业道德建设与和谐铁路**

1. 理解铁路职业道德的内涵与特点，掌握铁路职业道德的宗旨和原则，理解学习实践社会主义荣辱观，提高遵守铁路职业道德的自觉性的重大意义。

2. 了解职业道德与职工整体素质的客观需要，理解职业道德是促进事业成功的重要条件。

3. 了解和谐铁路建设对铁路职业道德提出的新要求，理解铁路职业道德对构建和谐铁路的重大意义。

**项目三　铁路职业道德规范**

1. 熟悉铁路职业道德基本规范的内容。

2. 了解铁路职业道德规范中各规范的基本含义和重要性。

3. 掌握铁路职业道德规范中尊客爱货、热情周到、遵章守纪、保证安全、团结协作、顾全大局、注重质量、讲究信誉、艰苦奋斗、勇于奉献、廉洁自律、秉公办事、爱路护路、尽职尽责、率先垂范、当好公仆的基本要求。

讨论要求：结合铁路工作实例，组织学员对铁路职业道德规范的基本要求进行讨论。

**项目四　铁路职业道德修养**

1. 了解铁路职业道德修养的内涵和目的，了解加强铁路职业道德修养的意义。

2. 了解铁路职业道德修养的内容，掌握培养铁路职业道德修养的途径和方法。

**项目五　铁路职业生活中的法律规范**

1. 了解《中华人民共和国铁路法》的立法目的和适用范围，了解铁路运输营业管理有关法律规定，理解铁路运输合同的有关法律规定，了解铁路安全与保护的有关法律规定。

2. 理解《中华人民共和国劳动法》的基本原则，了解劳动者的基本权利和义务，理解劳动合同的有关法律规定，掌握解决劳动争议的途径。

## 五、考核要求

1. 本课程采取闭卷考试，百分制。

2. 命题时，项目一所占比例10%，项目二占15%，项目三占40%，项目四占20%，项目五占15%。

3. 评分方法：理论考试占总分值70%，日常成绩占30%。

# 六、大纲说明

1. 本大纲是根据2009年修订的铁路中专教育内燃机车检修专业教学计划编制的。

2. 教学建议：

（1）教学中应结合教学内容，进行思想品质、职业道德、工作作风方面的教育。

（2）教学中应积极进行教法改革，运用现代教学手段，贯彻以能力本位、以学员为主体等教学原则，培养学员分析问题、解决问题的能力和创新意识。

（3）教学中应注重铁路建设的新理念，铁路职业道德建设的新经验的收集，补充和更新教学内容。

3. 教学用书：铁路职业教育铁道部规划教材《铁路职业道德》，王跃庆主编，中国铁道出版社。

# 《内燃机车柴油机》课程教学大纲

## 一、课程简介

本课程为内燃机车检修专业的专业课，主要讲授柴油机的工作原理和各部分的结构特点、工作条件、工作原理和简单的故障分析。

## 二、课程教学目标

### （一）知识培养目标

1. 掌握柴油机的基本工作原理。
2. 掌握柴油机各组成部分的主要部件的结构特点、工作条件。
3. 能够对柴油机的一般工作情况进行分析和简单的故障处理。

### （二）能力培养目标

培养对柴油机按照系统认识结构的能力和基本的测量、工具选择使用能力。

## 三、核心教学内容与实训项目

| 序 号 | 项 目 名 称 | 课 时 分 配 | | | |
|---|---|---|---|---|---|
| | | 总课时 | 讲 授 | 讨 论 | 实 训 |
| 1 | 内燃机车柴油机的基本知识 | 22 | 10 | | 12 |
| 2 | 柴油机机体和主轴承 | 16 | 12 | | 4 |
| 3 | 气缸和气缸盖 | 4 | 4 | | |
| 4 | 活塞组 | 16 | 4 | | 12 |
| 5 | 连杆和曲轴 | 8 | 8 | | |
| 6 | 配气机构 | 8 | 8 | | |
| 7 | 进排气系统 | 18 | 10 | | 8 |
| 8 | 燃油的供给 | 20 | 8 | | 12 |
| 9 | 调控系统 | 38 | 22 | 16 | |
| 10 | 机油系统 | 30 | 14 | | 16 |
| 11 | 冷却水系统 | 32 | 24 | | 8 |
| 12 | 柴油机总成认识实习 | 8 | | 8 | |

续上表

| 序　号 | 项　目　名　称 | 课　时　分　配 | | | |
| --- | --- | --- | --- | --- | --- |
| | | 总课时 | 讲　　授 | 讨　　论 | 实　　训 |
| 13 | 辅助机械传动装置 | 6 | 6 | | |
| 14 | 静液压传动系统 | 12 | 12 | | |
| 合　　计 | | 238 | 142 | 24 | 72 |
| 机　　动 | | 28（两学期） | | | |
| 总　　计 | | 266 | | | |

# 四、项目内容及要求

**项目一　内燃机车柴油机的基本知识**

1. 了解柴油机的主要特点和基本组成。

2. 以四冲程柴油机为重点，掌握柴油机主要术语的表述。

3. 识图（四冲程柴油机的工作过程），掌握四冲程柴油机的工作过程，能够理解并绘制配气相位图。

4. 了解柴油机的分类、型号及转向。

5. 掌握柴油机燃油消耗率和燃油消耗量的概念。

实训要求：

1. 熟悉柴油机主要的机构及名称，画出曲轴草图和曲轴、连杆与活塞的连接关系草图。

2. 对照理解并反复练习，在实物上确定上下止点和活塞行程。

3. 通过测量活塞内径和行程，计算气缸容积，掌握有关测量工具的使用方法。

4. 对照明确活塞止点位置与曲柄转角的位置关系。

5. 对照实物明确柴油机转向、型号和分类的依据。

**项目二　柴油机机体和主轴承**

1. 了解机体的作用。

2. 了解气缸安装孔、凸轮轴腔和检查孔、主轴承座孔位置。

3. 掌握主轴瓦烧损等现象特征和判断。

4. 掌握曲轴箱的防爆装置和发生作用的条件。

实训要求：

1. 认识柴油机上主要的孔腔和摩擦副。

2. 认识机体上重要螺栓孔并进行油底壳和主轴承的拆装，练习螺栓紧固工具的使用、认识接触面密封方式和密封件，熟悉部件定位方式和进行定位的原因。

3. 认识主要类型的润滑剂及其加注方式。

4. 找出机体和主轴承上的润滑油孔和通道。

5. 认识并理解曲轴箱防爆阀和差示压力计的作用原理。

**项目三　气缸和气缸盖**

1. 掌握气缸结构和作用。

2. 掌握气缸冷却水路密封处所和密封方式。

3. 掌握冷却水在气缸和气缸盖中的流动路线。

4. 熟悉气缸盖上的主要孔腔及作用。

5. 理解气缸套与气缸盖之间调整垫的作用。

**项目四　活 塞 组**

1. 掌握活塞组的组成。

2. 了解活塞组的工作条件。

3. 掌握活塞环的种类和作用，掌握气缸内气体的泄漏原因及后果。

4. 掌握活塞的冷却方式，掌握既有在活塞内的通路和作用的实现，掌握活塞冷却不良造成的“抱缸”和“拉缸”现象。

实训要求：

1. 活塞体的圆度测量，掌握圆度测量方法和工具的使用。

2. 各类活塞环的识别及作用。

3. 不同类型活塞环在活塞上的安装位置及原因。

4. 活塞环开口位置的确定。

5. 认识活塞的机油冷却通道。

**项目五　连杆和曲轴**

1. 了解连杆的作用和其内部的机油通道。

2. 掌握连杆小头轴套松动和连杆大头紧固螺栓紧固不良的后果。

3. 掌握曲轴的作用、曲柄的结构和其内部的机油通道。

4. 掌握 16V240ZJB 柴油机的气缸排列和发火顺序。

**项目六　配气机构**

1. 掌握配气机构作用和各部件名称。

2. 识图（四冲程柴油机配气机构，配气机构外形），能够口述指出各零件名称和以力的传递次序口述气门开闭过程。

3. 了解正时齿轮的变速和变速比的计算。

4. 掌握冷态间隙的定义及存在原因。

**项目七　进排气系统**

1. 掌握增压的概念、增压的原理和增压的方式。

2. 了解废气能量的转换。

3. 掌握 16V240ZJB 柴油机的进排气通路，了解中冷器的作用。

4. 掌握空气滤清器的安装处所、滤清原理和清洗方式。

5. 通过排气性状了解柴油机的燃烧情况。

6. 掌握增压器的作用和工作特点，重点掌握高速运转情况下对部件强度的要求和轴承等部件因润滑不良导致过热的后果等。

7. 掌握“喘振”现象和原因。

实训要求：

1. 拆装单缸柴油机进排气管和空气滤清器，熟悉工具的选择原则和使用。

2. 认识单缸柴油机空气滤清器的结构，与 16V240ZJB 柴油机空气滤清器旋风筒结构比较，分析滤清原理。

3. 清洗单缸柴油机空气滤清器，总结空气滤清器的清洗方法。

**项目八　燃油的供给**

1. 掌握 16V240ZJB 柴油机的燃油通路。

2. 识图（燃油系统流程），掌握燃油系统主要设备名称和作用。

3. 掌握燃油通路各处压力值和压力不正常的原因分析。

4. 掌握容易发生燃油泄漏的主要处所。

5. 了解燃油系统的三组精密耦件和作用。

6. 掌握燃油管路中限压阀的结构、作用的实现和可能的故障原因及后果。

实训要求：

1. 识读燃油系统通路图。

2. 识读压力表。

3. 拆装燃油粗、精滤器。

4. 拆装齿轮泵，加深对密封件的认识和提高密封性能的措施的理解。

5. 泵体和泵盖检查，齿轮检查，轴颈尺寸、轴颈与套配合尺寸测量，齿轮与泵体径向间隙、齿轮与泵盖轴向间隙测量。

**项目九　调控系统**

1. 掌握调速系统的作用过程。

2. 掌握配速系统的工作过程。

3. 掌握功率调节系统工作过程。

4. 掌握控制机构作用和工作过程。

5. 了解步进电机的工作特性和一般故障的现象和处理。

6. 掌握联合调节器转速调节、C 型联合调节器动作原理和控制机构动作原理。

实训要求：

1. 识图训练：用分组学习的方法重点辅导学员分解识读本章的联合调节器转速调节、C 型联合调节器动作原理和控制机构动作三张原理图。

2. 识读转速表。

**项目十　机油系统**

1. 掌握机油系统的作用。

2. 掌握机油内部和外部循环通路。

3. 认识机油系统主要部件。

4. 理解机油系统主要故障现象和原因分析。

实训要求：

1. 拆装机油滤清器。

2. 拆装调压阀。

3. 对精滤器上下体、轴承尺寸进行测量。

通过拆装理解滤清器的滤清原理和调压阀的泄压过程与限压值的调节方法。

**项目十一　冷却水系统**

1. 掌握冷却水系统的作用。

2. 掌握高温水和低温水系统通路。

3. 掌握冷却水系统的运用保养方法和水温不正常的常见原因。

4. 了解冷却水通路中容易发生泄漏的处所及原因。

5. 掌握内燃机车预热系统工作过程。

实训要求：

1. 温度测量工具及使用。

2. 识读冷却水系统图，通过读图认识冷却水系统通路和主要部件在机车上的大体位置。

3. 识别燃油泵、机油泵和水泵。

**项目十二　柴油机总成认识实习**

实训要求：

1. 能够指出16V240ZJB柴油机各系统中的主要部件，说出名称。

2. 能够说明该柴油机的型号含义和主要技术参数的含义。

**项目十三　辅助机械传动装置**

识图（启动变速箱传动机构，静液压变速箱传动机构），了解传动机构驱动的设备及作用。

**项目十四　静液压传动系统**

1. 掌握静液压传动系统的作用。

2. 识图（静液压传动系统实物示意图），掌握静液压系统的通路。识读教材静液压系统实物示意图，掌握各主要设备的作用，掌握系统的典型故障原因及处理方法。

## 五、考核要求

1. 本课程分两学期讲授，每学期成绩各占50%。

2. 本课程采用闭卷考试，百分制。

3. 第一学期完成第一至第八项目的学习，命题时，除项目二外的各项目均为考试重点，每个项目在试卷中所占比重不少于10%。第二学期完成第九至十四项目，命题时，除项目十二、十三外，每个项目在试卷中所占比重不少于15%。

4. 评分方法：考试成绩占70%，日常成绩（含实训）占30%。

## 六、大纲说明

1. 本大纲是根据2009年修订的铁路中专教育内燃机车检修专业教学计划编制的。

2. 教学建议：

(1) 本大纲内容注重够用为度，加大学员的训练力度，实训项目不仅限于实验验证，而且注重技能训练。教师要注重对每一项训练项目的设计，除项目九中的实训内容外，都要编写实训指导书和训练标准，指导学员反复练习，并进行考核。

(2) 教学中要充分利用挂图、模型、实物、多媒体课件等形式，为学员提供多方位学习的条件。如果具备机车柴油机实物和配件，大纲中的实训项目中要求的非机车柴油机配件可减少配备。

3. 教学用书：铁路职业教育铁道部规划教材《内燃机车柴油机》（中专），李晓村主编，中国铁道出版社。

# 《内燃机车电传动》课程教学大纲

## 一、课程简介

本课程为内燃机车检修专业的专业课，主要讲授内燃机车电传动装置中的电机、电器、电测仪表以及电路等知识，同时从总体上讲授电传动的基本原理。

## 二、课程教学目标

### （一）知识培养目标

1. 了解内燃机车电传动的基本原理。
2. 掌握内燃机车中以牵引电动机、牵引发电机为代表的电机的基本机构特点和工作原理。
3. 掌握内燃机车各类电器的作用、结构。
4. 掌握内燃机车电路图并能够依据电路图进行典型故障的分析和处理。

### （二）能力培养目标

培养对内燃机车电传动部分的认识分析能力。

## 三、核心教学内容与实训项目

| 序号 | 项目名称 | 课时分配 | | | |
|---|---|---|---|---|---|
| | | 总课时 | 讲授 | 讨论 | 实训 |
| 1 | 直流电机 | 36 | 20 | | 16 |
| 2 | 主发电机 | 4 | 4 | | |
| 3 | 有触点电器 | 52 | 28 | | 24 |
| 4 | 无触点电器 | 8 | 8 | | |
| 5 | 电测仪表 | 10 | | | 10 |
| 6 | 蓄电池 | 10 | | | 10 |
| 7 | 内燃机车电传动原理 | 16 | 16 | | |
| 8 | 电路图（一） | 10 | 10 | | |
| 9 | 电路图（二） | 58 | 34 | | 24 |
| 10 | 电阻制动 | 8 | 8 | | |
| 11 | 典型故障分析及处理 | 26 | 20 | | 6 |
| 合计 | | 238 | 148 | | 90 |
| 机动 | | 28（两学期） | | | |
| 总计 | | 266 | | | |

## 四、项目内容及要求

**项目一　直流电机**

1. 掌握电机主要组成部分的名称和作用，直流电机按照励磁方式不同的分类和牵引电动机的悬挂方式。掌握励磁绕组与电枢绕组的连接形式。

2. 掌握电机铭牌的识读和含义。

3. 掌握电刷与换向器的配合工作特点和容易出现的问题。

4. 掌握电机外部接线柱标志的识读和接线方式。

5. 掌握影响电刷工作的主要指标及其测量和调整。

6. 了解直流电机低速大电流情况下的工作特点。

7. 理解直流电机启动方法。

8. 熟悉东风$_{4B}$机车其他直流电机名称及作用。

9. 掌握用电安全知识。

实训要求：

1. 练习掌握直流电动机电源选择和各类测量工具的使用方法和数据识读。

2. 练习拆接直流电动机内部和外部接线，同时培养在拆卸时对拆下的连线进行标记和记录的习惯。

3. 练习直流电动机铭牌识读。

4. 练习直流电动机电刷装置的拆装和电刷安装尺寸的测量。

5. 练习直流电动机主要部件的识别。

6. 练习直流电动机整体拆装。要养成电机组装前先对各部分进行清洁的习惯，借助电机各部分的安装对紧固方式和放松措施进行分类总结。

7. 练习电刷、换向器不良情况的目测检查项目。

8. 练习测量电枢绕组和励磁绕组内阻。

9. 测量换向片间绝缘、正负电刷间绝缘和各部分对地绝缘。

10. 电机运行中用点温计测各部分温升，练习对电机运转情况下温升情况分析。

11. 练习电机轴承种类分析，掌握检查内容。借助电机轴承及其作用对各类轴承进行对比，加深对其功能的认识。

12. 练习换向器工作面跳动量测量。

13. 掌握用电安全知识。

**项目二　主发电机**

1. 掌握同步牵引发电机的作用。

2. 掌握电刷与滑环、电机内外部接线点等主发电机主要故障点的结构特点和安装工艺，重点掌握 TQFR3000 发电机接线端子的接线和电机内部接线的接点。

3. 能够识读发电机铭牌中各项指标的含义。

4. 掌握 TQRF3000 电机电刷与 410 电机电刷、刷架、刷握等的不同作用与结构特点。

5. 熟悉东风$_{4B}$机车上其他发电机的名称及作用。

6. 掌握各类电机冷却的方式。

**项目三　有触点电器**

1. 了解有触点电器的分类。

2. 掌握触头的定义、工作特点和分类。

3. 掌握触头的主要技术参数的含义。

4. 掌握电弧产生的原因和危害，理解灭弧装置的灭弧原理。

5. 掌握电磁和电空驱动装置的组成和工作原理。

6. 认识东风$_{4B}$机车上主要的有触点电器并能够识读有触点电器铭牌，理解其中各项的含义，据此区分其用途。

7. 掌握各主要有触点电器的作用、触头的各种工作位置的实现，结合触头所在电路理解触头对电路的控制作用。

8. 掌握触头工作时出现的短路、虚接、断路、触头烧损和不动作等各种故障和处理方法。

9. 掌握电空驱动装置压力空气可能的泄漏处所和密封性检查。

10. 掌握有手动控制机构的电器手动机构使用的时机、工作位置和要求。

11. 掌握水温继电器和油压继电器的作用及工作值的调整。

12. 了解各有触点电器的安装位置。

实训要求：

1. 认识各类测量工具和使用方法、数据识读。

2. 认识各类触头并进行参数测量、触头接触电阻测量。

3. 拆装电空阀，认识空气通路和密封部位。

4. 识读各类电器铭牌并与实物对照认识。

5. 设计简单的照明电路，练习将各类开关、触头接入电路，进行触头作用试验和触头故障检查与排除试验。

6. 练习电器在安装架（电器柜）上的固定与拆卸。

7. 各类开关、熔断器接入电路试验，熔断器的拆装。

8. 认识线号，按照简单的电路图连接电路。

9. 各类绝缘电阻测量，并与标准数据进行比较分析。

10. 司机控制器工作位置及其联锁关系试验。

11. 简单的触头电路的画法训练。

12. 水温、压力继电器和电磁联锁的控制作用的实现和有关控制值的调整。

**项目四　无触点电器**

1. 理解无触点电器的含义。

2. 了解牵引整流柜的作用、型号和接线情况。

3. 掌握时间继电器的功用、延时值的调整方式和接线。

4. 掌握电压调整器的作用、工作状态的判断和应急处理。

5. 了解过度装置的作用。

6. 理解司机控制器通过无级调速驱动器实现控制的过程。

7. 掌握励磁调节器的作用和面板数据的识读和工作状态的判断。

8. 掌握上述无触点电器工作不正常的判断和对电路造成的影响。

**项目五　电测仪表**

实训要求：

1. 认识各类仪表，能够正确识读测量值。

2. 区分不同测量对象应该使用的仪表。

3. 熟悉各种测量对象的正常的测量值。根据前面所学知识对非正常数据产生的原因进行判断，并提出处理意见。

4. 熟悉各类传感器，了解其不同的作用。

5. 给出不同的连接电路图，由学员选择仪表连接成实际电路，并将连接线标号，使其与电路图标号相符，初步适应识读电路图。

**项目六　蓄 电 池**

实训要求：

1. 认识蓄电池单节并熟悉各部分名称及作用。

2. 理解蓄电池各参数的意义。

3. 能够测量蓄电池电压。

4. 能够对蓄电组进行连接。

5. 掌握蓄电池外观检查的内容和标准。

6. 理解蓄电池的充电与放电过程。

**项目七　内燃机车电传动原理**

1. 掌握内燃机车从柴油机到牵引电动机之间的能量传递和转换的过程，以及传递过程中的损耗和表现形式。

2. 理解"恒功率"概念的含义。

3. 理解牵引电动机通过磁场削弱进行调速的依据和实现形式。

**项目八　电路图（一）**

1. 掌握机车各种电器的符号表示和电路图中各种电气符号的画法和含义。

2. 掌握通过坐标寻找电器的方法。

3. 理解机车电路图的组成。

4. 明确电路图的识读步骤和方法。

5. 掌握东风$_{4B}$电路图连接线和接线柱编号规律、负线分组规定。

6. 掌握机车控制电源及正负端接线柱。

**项目九　电路图（二）**

1. 掌握各部分电路工作前的准备工作和标准。

2. 掌握各部分电路所涉及的电器和实现的作用。

3. 掌握各部分电路的识读。

4. 掌握各电器触头所处的不同电路及所起的不同作用。

5. 掌握联锁触头对电器工作的控制作用。

6. 掌握电路投入工作的顺序、操作方法。

7. 掌握电路中常见的故障及检查处理方法。

8. 了解电气动作试验程序。

实训要求：

1. 根据实物配备情况，选择简单而典型的线圈电路、主触头电路和保护电路和照明电路，由学员根据电路图进行实物连接。通过电路连接训练，练习电路图识图、电器实物与符号的对照认识，熟悉线号、接线柱、各类开关等。

2. 设定电路简单故障（如短路、虚接），学员通过万用表、短接线、试灯等进行电路通断状态检查、故障分析和排除练习。

3. 电器自锁电路连接试验和辅助触头控制线圈电路试验。

**项目十　电阻制动**

1. 从能量转换和电机工作过程理解电阻制动的原理，了解影响电阻制动效果的主要因素。

2. 了解电阻制动的主要设备。

3. 掌握电阻制动的操作内容、要求和注意事项。

4. 识读并掌握电阻制动的主要电路。

**项目十一　典型故障分析及处理**

1. 掌握电机和电器接地的原因及表现形式、判断和处理方式。

2. 掌握电机、电器接线点和电器触头、接线柱（特别是负端接线柱）、插头等虚接、断路故障的表现形式和判断处理。

3. 掌握整流电路二极管击穿造成的后果和判断处理。

4. 掌握重要的脱扣开关跳闸、熔断器熔断的原因和后果。

实训要求：通过电路连接和测试，总结掌握上述故障的现象和检测分析方法。

## 五、考核要求

1. 本课程分两学期讲授，每学期成绩各占 50%。

2. 本课程采用闭卷考试，百分制。

3. 第一学期完成第一至第四项目的学习，命题时，除项目四外的各项目均为考试重点，每个项目在试卷中所占比重不少于 30%。第二学期完成第五至十一项目，命题时，除项目七外，每个项目在试卷中所占比重不少于 15%。

4. 评分方法：考试成绩占 70%，日常成绩（含实训）占 30%。

## 六、大纲说明

1. 本大纲根据 2009 年修订的铁路中专教育内燃机车检修专业教学计划编制。

2. 教学建议：

（1）本大纲内容注重够用为度，加大学员的训练力度，实训项目不仅限于实验验证，而且注重技能训练。教师要注重对每一项训练项目的设计，要编写实训指导书和训练标准，指导学员反复练习，并进行考核。

（2）教学中要充分利用挂图、模型、实物、多媒体课件等形式，为学员提供多方位学习的条件。如果机车实物电器和配件配备困难，可以用一些通用电器代用，所有实训项目都应努力完成。

3. 教学用书：铁路职业教育铁道部规划教材《内燃机车电传动》，于彦良主编，中国铁道出版社。

# 《内燃机车制动机》课程教学大纲

## 一、课程简介

本课程是内燃机车检修专业的专业课，主要讲授内燃机车制动机的工作原理和各组成部分的结构与作用的实现。

## 二、课程教学目标

### （一）知识培养目标

1. 理解空气制动机的基本工作原理。

2. 围绕自动制动阀和单独制动阀手柄不同位置，掌握 JZ-7 制动机各部分的结构和作用，掌握制动机各部分之间的相互联系和综合作用。

### （二）能力培养目标

培养对制动机的常规检修能力。

## 三、核心教学内容与实训项目

| 序号 | 项目名称 | 课时分配 | | | |
|---|---|---|---|---|---|
| | | 总课时 | 讲授 | 讨论 | 实训 |
| 1 | 制动机的基本知识 | 10 | 10 | | |
| 2 | 风源系统 | 22 | 12 | | 10 |
| 3 | 自动制动阀（一） | 10 | 4 | | 6 |
| 4 | 自动制动阀（二） | 6 | 6 | | |
| 5 | 中继阀 | 14 | 8 | | 6 |
| 6 | 分配阀 | 12 | 12 | | |
| 7 | 作用阀 | 14 | 4 | | 10 |
| 8 | 单独制动阀 | 4 | 4 | | |
| 9 | 综合制动作用 | 10 | 10 | | |
| 合计 | | 102 | 70 | | 32 |
| 机动 | | 12（两学期） | | | |
| 总计 | | 114 | | | |

## 四、项目内容及要求

**项目一　制动机的基本知识**

1. 了解制动机的重要作用和基本工作原理。

2. 了解 JZ-7 制动机的主要特点，掌握其主要的组成部分的名称和控制关系。

3. 从能量转换的角度理解制动和制动力。

4. 掌握机车和列车制动和缓解的概念，理解机车制动缸压力变化如何实现机车的制动和缓解，了解列车管压力变化如何实现列车制动和缓解。

5. 识图（二压力和三压力机构阀作用原理图、基础制动装置作用原理图）。

**项目二　风源系统**

1. 识图（风源系统原理图），通过分析风源系统图理解系统各部分的作用。

2. 了解 704 型调压器的作用和安装位置，掌握调压器的调整方法。

3. 掌握风源净化系统的组成和设备作用原理，掌握空气干燥器进气阀、排气阀、出气止回阀以及油水分离器、电磁排污器的结构。

实训要求：

1. 拆装 704 型调压器，掌握调压器调节方法。

2. 拆装干燥器进气阀、排气阀、出气止回阀、油水分离器和电磁排污器，掌握这些机构容易出现故障的处所、现象和原因。

通过练习认真分析阀件中的通路情况、阀芯工作情况。

**项目三　自动制动阀（一）**

1. 理解并掌握与制动有关的名词术语（如减压、过充等）。

2. 掌握自阀手柄七个位置的名称、含义、直接的和最终的控制对象和结果。

3. 掌握自阀七个组成部分的名称和作用。

4. 熟练背诵自阀管座上九根风管的管号及对应名称。

5. 掌握双指针压力表的识读方法和自阀七个位置对应的压力表的数值。

实训要求：

1. 自动制动阀七个位置的体验，特别是从最小减压位到最大和过量减压位的手感。

2. 识图（管座管路分布图）并对照实物识别自动制动阀管座上各管位置、名称和管号。

3. 识读双指针压力表。

4. 识别自动制动阀的七个组成部分并说出名称。

5. 掌握与自动制动阀有关的各风缸名称、所连接的风管名称和管号。

**项目四　自动制动阀（二）**

掌握自动制动阀在不同手柄位置时调整阀、放风阀、重联柱塞阀、缓解柱塞阀和客货车转换阀所连通的管路、有关风缸和管路压力的变化情况以及现象和结果。

**项目五　中 继 阀**

1. 掌握中继阀五个作用位置管路的连通情况和结果。

2. 掌握总风遮断阀的工作情况。

3. 掌握自动制动阀与中继阀在作用上的联系。

实训要求：

1. 拆装总风遮断阀，练习有关工具的使用。

2. 认识阀类的密封件。

3. 认识阀内部空气通路、通路通断的控制方式以及压力空气与弹簧间的作用情况。

**项目六　分配阀**

1. 认识分配阀管座管路和进入各阀的气孔布置。

2. 掌握与分配阀有关的风缸名称和作用。

3. 掌握主阀部三个工作位置下管路连通情况、有关风缸的压力变化情况和作用结果。

4. 掌握常用限压阀与紧急限压阀的配合作用。

5. 掌握副阀部的功用和各位置下管路连通情况、有关风缸压力变化情况及作用结果。

6. 掌握紧急放风阀三个位置下管路连通情况和制动、缓解作用的实现。

7. 理解切控阀的性能。

8. 了解气、电制动连锁装置的作用。

**项目七　作用阀**

1. 识图（作用阀的工作位置图），掌握作用阀三个位置的实现、各位置下管路连通情况和结果。

2. 理解分配阀与作用阀在作用上的联系。

3. 明确作用阀对机车制动缸压力的控制。

实训要求：

1. 按照教师制定的程序和标准拆装作用阀，练习工具的使用。

2. 认识阀内膜板及其作用。

3. 认识阀内阀口、孔道通断情况和弹簧的作用。

4. 认识密封件并练习密封件状态的判断。

**项目八　单独制动阀**

1. 掌握单独制动阀的功用和手柄位置。

2. 掌握各手柄位置下的作用结果。

**项目九　综合制动作用**

1. 掌握机车列车管减压量与制动缸压力之间的关系，列车管最小减压量和最大减压量的规定。

2. 理解 JZ-7 制动机的综合作用。

3. 了解制动机“七步闸”和“五步闸”实验的程序和内容。

## 五、考核要求

1. 本课程分两学期讲授，每学期成绩各占 50%。

2. 本课程采用闭卷考试，百分制。

3. 第一学期完成第一至第五项目的学习，命题时，除项目一外的各项目均为考试重点，其他项目内容在试卷中所占比重不少于 90%。第二学期完成第六至九项目，命题时，每个项目在试卷中所占比重不少于 20%。

4. 评分方法：考试成绩占70％，日常成绩（含实训）占30％。

## 六、大纲说明

1. 本大纲根据2009年修订的铁路中专教育内燃机车检修专业教学计划编制。

2. 教学建议：

(1) 本大纲内容注重够用为度，加大学员的训练力度，实训项目不仅限于实验验证，而且注重技能训练。教师要注重对每一项训练项目的设计，要编写实训指导书和训练标准，指导学员反复练习，并进行考核。

(2) 教学中要充分利用挂图、模型、实物、多媒体课件等形式，为学员提供多方位学习的条件。

3. 教学用书：铁路职业教育铁道部规划教材《内燃机车制动机》，迟卓刚、张贵良主编，中国铁道出版社。

# 《内燃机车检修》课程教学大纲

## 一、课程简介

本课程是内燃机车检修专业的专业课，以铁道部颁布的有关内燃机车检修工作的要求和方法为指导，主要讲授内燃机车检修的规范和工艺，主要零部件的损伤机理、现象、分析和处理方法。

## 二、课程教学目标

### （一）知识培养目标

掌握内燃机车检修的一般方法。

### （二）能力培养目标

培养对内燃机车常规检修、故障快速判断和检修的能力。

## 三、核心教学内容与实训项目

| 序号 | 项目名称 | 课时分配 | | | |
|---|---|---|---|---|---|
| | | 总课时 | 讲授 | 讨论 | 实训 |
| 1 | 检修简介 | 6 | 6 | | |
| 2 | 零件的损伤 | 18 | 10 | | 8 |
| 3 | 内燃机车检修制度和检修限度 | 10 | 10 | | |
| 4 | 机车及其部件的检修工艺过程 | 10 | 10 | | |
| 5 | 内燃机车零件检修工艺 | 10 | 10 | | |
| 6 | 柴油机的检修 | 50 | 34 | | 16 |
| 7 | 牵引电机电器的检修 | 44 | 28 | | 16 |
| 8 | 转向架检修 | 34 | 18 | | 16 |
| 9 | 制动机检修 | 22 | 14 | | 8 |
| 合计 | | 204 | 140 | | 64 |
| 机动 | | 24（两学期） | | | |
| 总计 | | 228 | | | |

## 四、项目内容及要求

**项目一　检修简介**

1. 了解内燃机车检修的内容、目的和任务。

2. 了解我国内燃机车检修工作的性质。

3. 了解我国内燃机车检修的现状和发展前景。

**项目二　零件的损伤**

1. 熟悉机车零件损伤形式：磨损、疲劳、腐蚀、穴蚀、变形、电气部分损伤，熟悉各种损伤形成的原因及减缓损伤的措施。

2. 掌握磨损速度的概念，了解磨损曲线，重点掌握零件磨损规律。

3. 掌握有关量具、仪表的使用。

4. 理解零件检验和零部件故障分析的基本理论。

实训要求：

1. 提供（机车）损伤零件，让学员判别损伤类别，进一步熟悉机车零件各种损伤形式：磨损、断裂、腐蚀、变形、电气部分损伤（机械损伤和电损伤）。

2. 指导学员正确使用相关量具、仪表。可用不同量具去测同一零件尺寸，如卡钳、直尺、游标卡尺、千分尺测轴径。摇表测线圈对地的绝缘电阻。万用表测线圈电阻。塞尺检查活塞环与槽的间隙。通过练习，掌握通用量具、仪表的使用。

**项目三　内燃机车检修制度和检修限度**

1. 了解零件使用期限、使用寿命：(1) 零件的使用期限。(2) 摩擦副的使用寿命。(3) 零件的使用寿命。

2. 熟悉内燃机车计划修理周期和修理结构编制的有关知识，单个零件的修理结构、机车计划修理结构的编制、东风$_{4B}$机车修理结构。

**项目四　机车及其部件的检修工艺过程**

1. 了解机车及其部件的修理工艺过程，机车架修工艺过程，“三化”修车要求。

2. 熟悉主要零部件清洗方法，着重讲油污、积炭和水垢的清除，并注重讲解新的清洗工艺、清洗剂等信息。

3. 熟悉机车零件的一般检验方法。

**项目五　内燃机车零件修理工艺**

了解机车零件常用修复方法：钳工、机械加工法、压力加工、焊修法、金属表面处理法、黏结修复法的特点及应用范围。

**项目六　柴油机的检修**

1. 掌握柴油机各主要零部件：机体、气缸套、主轴瓦、活塞组、连杆组、配气机构、废气涡轮增压器、燃油系统、机油与冷却系统的损伤形式及损伤原因。

2. 掌握柴油机主要部件：机体、气缸套、主轴瓦的检查测量及气缸套、活塞组、连杆组、配气机构、燃油系统中喷油泵、喷油器的修理方法及连杆螺栓的装配。

实训要求：

1. 气缸套、水套检查测量：(1) 检查：外观检查，测量气缸套内径。(2) 清洗：清除积碳、水垢。(3) 检测与修理：检查穴蚀深度，检测气缸套内表面，测量气缸套与水套的配合过盈量，检查水套，检查缸套与水套的定位配合处，测量缸套内径计算圆度与圆柱度。

2. 喷油泵下体的分解、清洗，检查测量与组装：(1) 分解、清洗。(2) 检查测量：检查滚轮、滚轮销、推杆，检查滚轮衬套、弹簧、推杆头安装情况，检测推杆与推杆套径向间隙，测量滚轮内径与衬套外径计算圆度、圆柱度及径向间隙，测量衬套内径滚轮外径计算圆度、圆柱度及径向间隙，检查定位销钉与其安装孔的配合间隙。(3) 组装。

3. 燃油泵的解体、检修与组装：(1) 解体。(2) 检修：检查轴套、齿轮、泵盖，测量齿轮轴与轴套的径向间隙。(3) 组装。

**项目七　牵引电机电器的检修**

1. 掌握电机电气部分和机械部分的损伤形式和损伤原因。主要有牵引电动机电枢绕组常见损伤及检测方法、磁极常见损伤及检测方法、机械部分常见损伤及检修、直流电机试验、电机日常维护与保养。

2. 掌握有触点电器常见损伤及检测方法。

3. 了解无触点电器检修方法。

4. 掌握蓄电池常规检查、检修及试验方法。

实训要求：

1. 刷架装置的检修：(1) 检查碳刷牌号，测量碳刷长度。(2) 检查刷盒。(3) 检查压指、压指弹簧。(4) 检查刷杆及连线。(5) 刷架装置绝缘测量。

2. 四类电空阀的检修：(1) 解体各部件。(2) 清洗各部。(3) 检修：检查线圈外包绝缘，测量线圈的电阻值，检查接线端子、铭牌字迹，检查各部状态，检查阀体各部分：阀头、阀座、顶针、上下阀头、复原弹簧、进排风口各杆上端面、铁芯定位螺丝。(4) 组装。

**项目八　转向架检修**

1. 掌握转向架主要部件损伤形式及原因。

2. 掌握转向架主要部件的检测修理方法。

实训要求：

油压减震器检修：(1) 分解。(2) 清洗。(3) 检修：检查各部件，检查缸筒内表面、缸筒内径与活塞的径向间隙、缸筒内孔圆度和圆柱度，检查活塞上端方头、心阀、阀套及阀座相互接触面，检查进油阀阀体配合表面、阀瓣磨耗、进油阀体与缸筒的配合过盈量、阀瓣与阀体的径向间隙，密封装置检修。(4) 组装。

**项目九　制动机检修**

1. 掌握制动机主要部件自动制动阀、单独制动阀、中继阀、作用阀、分配阀损伤形式及原因。

2. 掌握制动机各阀及基础制动装置主要部件的检测、修理方法。

实训要求：

作用阀的检修：(1) 解体与清洗：外观检查，解体，油盘内清洗。(2) 检查橡胶件，检查空心阀杆与套的配合间隙、作用阀弹簧及缓解弹簧自由高度尺寸。(3) 组装。

## 五、考核要求

1. 本课程分两学期讲授，每学期成绩各占50%。

2. 本课程采用闭卷考试，百分制。

3. 第一学期完成第一至第五项目的学习，命题时，除项目一外，其他各项目内容在试卷中所占比重不少于90%。第二学期完成第六至九项目，命题时，每个项目在试卷中所占比重不少于20%。

4. 评分方法：考试成绩占70%，日常成绩（含实训）占30%。

## 六、大纲说明

1. 本大纲是根据2009年修订的铁路中专教育内燃机车检修专业教学计划编制的。

2. 教学建议：

（1）除大纲要求的教学内容外，可根据本学校实训设备增加实训内容。有条件的学校尽量利用实物进行现场教学。

（2）检修工艺主要参考铁道部颁发的《东风$_{4B}$内燃机车检修工艺》。

（3）本大纲内容注重够用为度，加大学员的训练力度，实训项目不仅限于实验验证，而且注重技能训练。教师要注重对每一项训练项目的设计，要编写实训指导书和训练标准，指导学员反复练习，并进行考核。

3. 教学用书：铁路职业教育铁道部规划教材《内燃机车检修》，王连森主编，中国铁道出版社。

# 《钳工实习》课程教学大纲

## 一、课程简介

本课程是内燃机车检修专业的实训课，通过锯削、锉削、电焊等训练，使学员掌握基本的内燃机车维修的钳工基本技能。

## 二、课程教学目标

### （一）知识培养目标

1. 了解基本的钳工作业方式和内容。
2. 掌握锉削、锯削基本要领和加工标准。
3. 掌握电焊的基本要领和焊件质量判断。
4. 加深对金属材料性能的理解。
5. 掌握金属加工过程中的安全常识。

### （二）能力培养目标

具备内燃机车检修各工种所必备的机械加工的基本能力。

## 三、核心教学内容与实训项目

<table>
<tr><th rowspan="2">序 号</th><th rowspan="2">项 目 名 称</th><th colspan="4">课 时 分 配</th></tr>
<tr><th>总课时</th><th>讲 授</th><th>讨 论</th><th>实 训</th></tr>
<tr><td>1</td><td>金属材料加工的基本知识</td><td>10</td><td>10</td><td></td><td></td></tr>
<tr><td>2</td><td>锯削实习</td><td>26</td><td>2</td><td></td><td>24</td></tr>
<tr><td>3</td><td>锉削实习</td><td>26</td><td>2</td><td></td><td>24</td></tr>
<tr><td>4</td><td>砂纸打磨实习</td><td>18</td><td>2</td><td></td><td>16</td></tr>
<tr><td>5</td><td>电焊实习</td><td>28</td><td>4</td><td></td><td>24</td></tr>
<tr><td colspan="2">合 计</td><td>108</td><td>20</td><td></td><td>88</td></tr>
<tr><td colspan="2">机 动</td><td colspan="4">4</td></tr>
<tr><td colspan="2">总 计</td><td colspan="4">112</td></tr>
</table>

# 四、项目内容及要求

**项目一　金属材料加工的基本知识**

1. 了解各种金属材料的加工性能。

2. 掌握金属材料的各种加工方法、所使用的工具设备和加工精度。

3. 掌握金属材料加工后的测量方法和测量工具的使用、识读。

4. 掌握金属材料加工的安全知识。

**项目二　锯削实习**

实训要求：

1. 认识各种锯削工具。

2. 通过对指定工件的锯削练习，掌握基本的锯削技能。

**项目三　锉削实习**

实训要求：

1. 认识各种锉削工具。

2. 通过对指定工件的锉削练习，掌握基本的锉削工具的性能和选用原则，掌握基本的锉削技能。

**项目四　砂纸打磨实习**

实训要求：

1. 了解各种型号的砂纸及其性能。

2. 通过对不同的金属材料打磨练习，掌握砂纸的选用方法和打磨标准的判断。

**项目五　电焊实习**

实训要求：

1. 了解电焊机等各种电焊设备使用要求和安全要求。

2. 通过对不同形状工件的焊接联系，掌握基本的焊接方法，并进一步理解金属材料的加工性能，并对加工后的工件变形和应力等情况进行分析。

# 五、考核要求

本课程由教师制定实习标准，锉削实习和电焊实习应该分别完成一个简单工件，并根据学员完成实习的情况进行考核。

# 六、大纲说明

1. 本大纲是根据2009年修订的铁路中专教育内燃机车检修专业教学计划编制的。

2. 教学用书：铁路职业教育铁道部规划教材《机械钳工技能实训指导书》，刘林主编，中国铁道出版社。

# 《内燃机车检修专业综合实训》课程教学大纲

## 一、课程简介

本课程是内燃机车检修专业的实训课。通过现场实践，使学员了解机车各部件的结构、名称、作用和内燃机车检修各工种的主要任务、工作内容和标准，以适应岗位的需要。

## 二、教学目标

### （一）知识培养目标

1. 使学员了解机车主要部件结构、名称及作用。
2. 使学员了解检修工作的劳动组织情况。
3. 使学员了解各种检修的规程和制度。
4. 使学员了解检修各工种的任务、工作内容和标准。

### （二）能力培养目标

初步具备对内燃机车常规检修、故障判断和检修的能力。

## 三、实训项目与时间分配

| 序号 | 项 目 名 称 | 时间分配 |
|---|---|---|
| 1 | 安全和常用知识教育 | 1周 |
| 2 | 机务段站场设备 | 3天 |
| 3 | 机车用油脂和使用方法 | 2天 |
| 4 | 机车总体和走行部 | 2周 |
| 5 | 机车电机和电器 | 4周 |
| 6 | 机车制动机 | 3周 |
| 7 | 机车柴油机 | 5周 |
| 8 | 机车整备和机车检查 | 2周 |
| 9 | 职业技能鉴定强化训练 | 2周 |
| 合 计 | | 20周（560学时） |

## 四、项目内容及要求

**项目一　安全和常用知识教育**

1. 掌握人身、电气化有关安全作业的规定。

2. 掌握劳动中安全注意事项。

具体内容包括：

1. 有关安全的作业规定：(1) 规章制度。(2) 人身及安全作业标准。(3) 电气化区段作业中有关安全的规定。

2. 铁道部、铁路局公布的决定和命令。

3. 劳动纪律和有关知识。

**项目二　机务段站场设备**

1. 熟悉机务段站场设施。

2. 熟悉车间部门的设施位置。

具体内容包括：

1. 内燃机车有关设备操作的规定以及其他行车设备的有关的知识。

2. 段场设备及段细的有关规定。

3. 机务段班组设置原则和劳动组织情况。

**项目三　机车用油脂和使用方法**

掌握机车柴油机、静液压系统、各变速箱、各主要轴承等运动部位所使用的各类油脂的标号、性状、使用方法等。

**项目四　机车总体和走行部**

1. 熟悉东风$_{4B}$机车车上设备。

2. 熟悉机车走行部部件及其结构。

3. 掌握内燃机车的总体结构和性能。

4. 了解机车各种修程修制下的工作内容。

**项目五　机车电机和电器**

1. 熟悉东风$_{4B}$机车上各种电机电器的基本结构，故障易发处所和常用处置方法。

2. 熟悉电器柜内电器安装位置，接线情况，熟悉各种开关、接线柱的位置、作用。

3. 能够按照电路图查找并核对电器和接线情况。

4. 能够绘制电器柜内电器安装位置草图。

5. 熟悉电器在机车上的拆装工作内容、程序和注意事项。

6. 熟悉电机电器检修的各种工作台、工具和试验台的使用。

**项目六　机车制动机**

1. 熟悉制动机各部分的基本结构。

2. 通过在机车上进行管路和阀体的拆装，熟悉制动机各部分在机车上的位置和风管连接情况，管路中各个阀的位置、作用和工作位置。

3. 熟悉制动机各阀体的分解、清洗、检修和组装工艺。

4. 熟悉制动机检修后的试验验收程序和标准。

**项目七　机车柴油机**

1. 参加柴油机解体，熟悉柴油机各主要部件名称和结构，工作情况。

2. 熟悉柴油机各部件的清洗要求和标准。

3. 熟悉柴油机曲轴检查，特别是探伤检查的检测设备和重点部位，曲轴损伤的现象和处理。

4. 熟悉柴油机机体检查内容，特别是主轴承和凸轮轴座孔的检查和测量。

5. 熟悉柴油机活塞检查和测量，连杆探伤和连杆螺栓伸长量的测量。

6. 熟悉柴油机气缸盖探伤和水压试验、气门座口检查内容。

7. 熟悉柴油机喷油泵、喷油器检查内容和标准。

8. 熟悉柴油机涡轮增压器的结构和工作性质，重点了解增压器轴承、密封件、润滑等检修内容。

9. 熟悉柴油机联合调节器检修内容和标准。

10. 熟悉机车静液压系统静液压泵、静液压马达的结构和工作原理，检修内容。

11. 熟悉机车上各种安全阀、限压阀、旁通阀、电磁阀、电空阀的结构和检修工艺。

**项目八　机车整备和机车检查**

1. 掌握机车整备检查的内容、标准和方法。

2. 掌握机车检查的内容和程序。

**项目九　职业技能鉴定强化训练**

1. 掌握中级内燃机车钳工和中级机车电工中内燃机车实训项目的考试标准。

2. 模拟考试。

## 五、考核方法及评分办法

由实习单位根据生产实际和实习组织安排，其中包括安全成绩、出勤情况、实训项目单项成绩。

## 六、大纲说明

1. 本大纲是根据2009年修订的铁路中专教育内燃机车检修专业教学计划编制的。

2. 教学建议：

(1) 执行本大纲时应为学员提供实习指导书和实习报告书写格式样本。

(2) 本大纲内容选择主要坚持简单、可行原则，对学校实训内容进行必要的补充，同时为进入工作岗位打下基础。

(3) 综合实训项目九中技能鉴定项目的选择，可根据学员所在实习单位的实际情况，选择部分技能鉴定实作演练项目进行，目的是使学员熟悉技能鉴定的程序和过程。

3. 教学用书：铁路职业教育铁道部规划教材《内燃机车检修专业实训指导书》，王连森主编，中国铁道出版社。

# 内燃机车检修专业技能实训设备配置标准参照表

| 序号 | 实训项目 | 设备及材料名称 | 基本配置标准 | | 备　注 |
|---|---|---|---|---|---|
| | | | 单位（规格） | 数　量 | |
| 1 | 识图训练（一）（机械识图） | 基本体教具 | 套 | 4 | 可与其他项目共用 |
| | | 简单零件实物 | 套 | 4 | 可与其他项目共用 |
| | | 与上述实物对应的图纸 | 套 | 4 | 可与其他项目共用 |
| 2 | 识图训练（二）（机械识图） | 各种紧固件实物 | 套 | 4 | 可与其他项目共用 |
| | | 常用零件实物 | 套 | 4 | 可与其他项目共用 |
| 3 | 受力分析（机械基础） | 典型机构展示柜 | 套 | 1 | 可与其他项目共用 |
| 4 | 连接件特性（机械基础） | 各种连接件、紧固件和防松件实物 | 套 | 4 | 可与其他项目共用 |
| | | 各类扳手 | 套 | 4 | 可与其他项目共用 |
| | | 扭力扳手 | 套 | 4 | 可与其他项目共用 |
| 5 | 钳工实习 | 钢锯 | 套 | 10 | |
| | | 平锉等锉刀 | 套 | 10 | |
| | | 各种型号砂纸 | 套 | 10 | |
| | | 工件耗材 | | | |
| | | 电焊机 | 台 | 4 | |
| | | 电焊钳 | 副 | 4 | |
| | | 防护用品 | 套 | 4 | |
| | | 焊件 | | | |
| 6 | 电路实用技能训练（电工与电子技术基础） | 电工电子实训台 | 套 | 8 | 可用自制实训电路板代替 |
| | | 电工工具 | 套 | 25 | 可与其他项目共用 |
| | | 电工测量仪表 | 套 | 8 | 可与其他项目共用 |
| | | 适应实训项目要求的电工电子零部件 | 套 | 8 | 可与其他项目共用 |
| | | 导线等耗材 | | | |
| 7 | 电容和电感元件性能实习（电工与电子技术基础） | 各类电感和电容元件 | 套 | 8 | |
| | | 万用表 | 只 | 8 | 可与其他项目共用 |
| | | 直流电源 | 只 | 2 | 可与其他项目共用 |
| | | 配套元器件 | 套 | 4 | 可与其他项目共用 |

续上表

| 序号 | 实训项目 | 设备及材料名称 | 基本配置标准 | | 备　注 |
|---|---|---|---|---|---|
| | | | 单位（规格） | 数　量 | |
| 8 | 二极管性能试验（电工与电子及技术基础） | 各类二极管 | 套 | 8 | |
| | | 万用表等测量仪表 | 套 | 8 | 可与其他项目共用 |
| | | 配套电工电子部件 | 套 | 8 | 可与其他项目共用 |
| 9 | 车钩的拆装与测量（铁道概论） | 机车用标准车钩 | 套 | 2 | |
| | | 丁字尺等测量工具 | 套 | 2 | 可与其他项目共用 |
| | | 开口销 | | | |
| | | 手钳 | 只 | 2 | 可与其他项目共用 |
| 10 | 风源系统认识实习（制动机） | 704调压阀 | 只 | 4 | |
| | | 干燥器进气阀、排气阀、进气止回阀、油水分离器、电磁排污器 | 套 | 4 | |
| | | 工具 | 套 | 4 | |
| 11 | 自动制动阀认识实习（制动机） | JZ-7制动机自动制动阀 | 只 | 2 | |
| 12 | 中继阀认识实习（制动机） | JZ-7制动机中继阀 | 只 | 4 | |
| | | 扳手等配套工具 | 套 | 4 | 可与其他项目共用 |
| 13 | 作用阀认识实习（制动机） | JZ-7制动机作用阀 | 只 | 4 | |
| | | 扳手等配套工具 | 套 | 4 | 可与其他项目共用 |
| 14 | 柴油机基本知识认识实习（柴油机） | 单缸柴油机 | 台 | 2 | 可与其他项目共用 |
| | | 活塞 | 只 | 4 | 可与其他项目共用 |
| | | 活塞连杆总成 | 套 | 2 | 可与其他项目共用 |
| | | 曲柄 | 只 | 4 | 可与其他项目共用 |
| | | 卡钳等测量工具 | 套 | 8 | 可与其他项目共用 |
| 15 | 机体认识实习（柴油机） | 单缸柴油机机体 | 只 | 2 | 可与其他项目共用 |
| | | 单缸柴油机主轴承 | 只 | 2 | 可与其他项目共用 |
| | | 主轴承连接螺栓 | 套 | 2 | 可与其他项目共用 |
| | | 东风$_{4B}$机车差示压力计 | 只 | 2 | 可与其他项目共用 |
| | | 16V240ZJB柴油机防爆阀 | 只 | 2 | 可与其他项目共用 |
| | | 拆装用工具 | 套 | 8 | 可与其他项目共用 |
| 16 | 活塞认识实习（柴油机） | 各类活塞实物 | 套 | 4 | 可与其他项目共用 |
| | | 各类活塞环实物 | 套 | 4 | 可与其他项目共用 |
| | | 各类活塞销实物 | 套 | 4 | 可与其他项目共用 |
| | | 外卡钳等测量工具 | 套 | 8 | 可与其他项目共用 |
| 17 | 进排气系统认识实习（柴油机） | 单缸柴油机 | 台 | 2 | 可与其他项目共用 |
| | | 16V240ZJB柴油机空滤器旋风筒 | 只 | 4 | |
| | | 拆装用工具 | 套 | 8 | 可与其他项目共用 |

续上表

| 序号 | 实训项目 | 设备及材料名称 | 基本配置标准 | | 备　注 |
|---|---|---|---|---|---|
| | | | 单位（规格） | 数　量 | |
| 18 | 燃油系统认识实习（柴油机） | 东风$_{4B}$机车用燃油粗滤器 | 只 | 4 | |
| | | 东风$_{4B}$机车用燃油精滤器 | 只 | 4 | |
| | | 机车用燃油压力表 | 只 | 2 | |
| | | 小型齿轮泵 | 台 | 2 | |
| | | 拆装用工具 | 套 | 2 | 可与其他项目共用 |
| | | 钢尺 | 只 | 2 | 可与其他项目共用 |
| | | 游标卡尺 | 只 | 2 | 可与其他项目共用 |
| 19 | 机油系统认识实习（柴油机） | 东风$_{4B}$机车用机油粗滤器 | 台 | 4 | |
| | | 东风$_{4B}$机车用机油精滤器 | 只 | 4 | |
| | | 增压器机油滤清器 | 只 | 4 | |
| | | 拆装用工具 | 套 | 2 | 可与其他项目共用 |
| | | 内径千分尺 | 只 | 2 | 可与其他项目共用 |
| | | 外径千分尺 | | 2 | 可与其他项目共用 |
| | | 塞尺 | | 2 | 可与其他项目共用 |
| 20 | 泵类和水系统认识实习（柴油机） | 红外温度测量仪 | 只 | 4 | |
| | | 机车用水温继电器 | 只 | 2 | |
| | | 机车用各类温度传感器 | 套 | 2 | |
| | | 小型水泵（叶片泵） | 台 | 2 | |
| | | 齿轮泵 | 台 | 2 | 可与其他项目共用 |
| | | 拆装工具 | 套 | 2 | 可与其他项目共用 |
| 21 | 直流电机认识实习（电传动） | 小型直流电机 | 台 | 4 | 可与其他项目共用 |
| | | 牵引电机电刷装置 | 套 | 4 | 可与其他项目共用 |
| | | 机车用各电机铭牌 | 套 | 4 | 可与其他项目共用 |
| | | 直流电源 | 台 | 1 | 可与其他项目共用 |
| | | 电机用各类轴承 | 套 | 4 | 可与其他项目共用 |
| | | 万用表、500V兆欧表、TZ仪或双臂电桥、装拆用工具、塞尺等 | 套 | 4 | 可与其他项目共用 |
| 22 | 有触点电器认识实习（电传动） | 东风$_{4B}$机车用各类有触点电器 | 套 | 2 | 可与其他项目共用 |
| | | 可调直流电源 | | | 可与其他项目共用 |
| | | 万用表、兆欧表、接触电阻测量仪、绝缘电阻测量仪、电工工具、带线号的机车用电器连接线（若干） | 套 | 4 | 可与其他项目共用 |
| 23 | 电测仪表认识实习（电传动） | 机车用各类电测仪表 | 套 | 4 | 可与其他项目共用 |

续上表

| 序号 | 实训项目 | 设备及材料名称 | 基本配置标准 |  | 备　注 |
|---|---|---|---|---|---|
|  |  |  | 单位（规格） | 数　量 |  |
| 24 | 蓄电池认识实习（电传动） | 机车用蓄电池 | 节 | 16 |  |
|  |  | 列尾装置用蓄电池 | 组 | 2 |  |
|  |  | 万用表和蓄电池连接线、电工工具 | 套 | 8 | 可与其他项目共用 |
| 25 | 零件的损伤认识实习（内燃机车检修） | 游标卡尺 | 只 | 4 | 可与其他项目共用 |
|  |  | 千分尺 | 只 | 4 | 可与其他项目共用 |
|  |  | 百分尺 | 只 | 4 | 可与其他项目共用 |
|  |  | 摇表 | 只 | 4 | 可与其他项目共用 |
|  |  | 万用表 | 只 | 8 | 可与其他项目共用 |
|  |  | 塞尺 | 套 | 8 | 可与其他项目共用 |
|  |  | 损伤的电器和机械零件 | 套 | 4 | 可与其他项目共用 |
| 26 | 柴油机部件检修实习（内燃机车检修） | 气缸套、水套 | 套 | 1 |  |
|  |  | 燃油泵 | 只 | 2 | 可与其他项目共用 |
|  |  | 喷油泵 | 只 | 2 |  |
|  |  | 内径百分尺 | 只 | 4 | 可与其他项目共用 |
|  |  | 外径千分尺 | 只 | 4 | 可与其他项目共用 |
|  |  | 固定喷油泵用支架 | 只 | 2 | 可用台钳代替 |
|  |  | 塞尺 | 副 | 8 | 可与其他项目共用 |
|  |  | 游标卡尺 | 只 | 8 | 可与其他项目共用 |
| 27 | 牵引电机电器检修实习（内燃机车检修） | 刷架装置 | 副 | 2 | 可与其他项目共用 |
|  |  | 四类电空阀 | 只 | 2 | 可与其他项目共用 |
|  |  | 细锉，00号砂纸 | 套 | 8 | 可与其他项目共用 |
|  |  | 500V兆欧表 | 只 | 4 | 可与其他项目共用 |
|  |  | 万用表 | 只 | 8 | 可与其他项目共用 |
| 28 | 油压减震器检修实习（内燃机车检修） | 油压减震器 | 只 | 2 |  |
|  |  | 夹具 | 只 | 2 |  |
|  |  | 内径百分表 | 只 | 8 | 可与其他项目共用 |
|  |  | 外径千分尺 | 只 | 8 | 可与其他项目共用 |
|  |  | 专用扳手等工具 | 套 | 8 | 可与其他项目共用 |
| 29 | 制动机检修实习（内燃机车检修） | 作用阀实物 | 件 | 4 | 也可配2只中继阀 |
|  |  | 扳手的工具 | 套 | 4 | 可与其他项目共用 |
|  |  | 卡环钳 | 只 | 4 |  |
|  |  | 游标卡尺 | 只 | 8 | 可与其他项目共用 |
| 30 | 计算机应用基础 | 微机 | 台 | 50 | 可与其他项目共用 |

注：设备按50人（一个标准班）配置。

# 内燃机车检修专业课程教学用书汇总表

| 序　号 | 课　程　名　称 | 教　学　用　书 | 主　编 | 出　版　社 |
|---|---|---|---|---|
| 1 | 语　　文 | 《语文》（中专） | 王　湄 | 中国铁道出版社 |
| 2 | 数　　学 | 《数学》（中专） | 邹淑桢 | 中国铁道出版社 |
| 3 | 铁道概论 | 《铁道概论》 | 周　平 | 中国铁道出版社 |
| 4 | 内燃机车总体 | 《内燃机车总体》（中专） | 李晓村 | 中国铁道出版社 |
| 5 | 机械基础 | 《机械基础》（中专） | 祖国庆 | 中国铁道出版社 |
| 6 | 机械识图 | 《机械识图》（中专） | 戴永康 | 中国铁道出版社 |
| | | 《机械识图习题集》（中专） | | |
| 7 | 电工电子技术基础 | 《电工电子技术基础》（中专） | 林宏裔 | 中国铁道出版社 |
| | | 《电工技能实训指导书》 | 王程有 | 中国铁道出版社 |
| 8 | 计算机应用基础 | 《计算机应用基础》（中专） | 姬立中 | 中国铁道出版社 |
| 9 | 铁路职业道德 | 《铁路职业道德》 | 王跃庆 | 中国铁道出版社 |
| 10 | 内燃机车柴油机 | 《内燃机车柴油机》（中专） | 李晓村 | 中国铁道出版社 |
| 11 | 内燃机车电传动 | 《内燃机车电传动》 | 于彦良 | 中国铁道出版社 |
| 12 | 内燃机车制动机 | 《内燃机车制动机》 | 迟卓刚<br>张贵良 | 中国铁道出版社 |
| 13 | 内燃机车检修 | 《内燃机车检修》 | 王连森 | 中国铁道出版社 |
| 14 | 钳工实习 | 《机械钳工技能实训指导书》 | 刘　林 | 中国铁道出版社 |
| 15 | 内燃机车检修专业综合实训 | 《内燃机车检修专业实训指导书》 | 王连森 | 中国铁道出版社 |